智能网联汽车
核心技术丛书

智能网联汽车环境感知技术

杨爱喜　吕琳　李兰友　赵丹　著

 化学工业出版社

·北京·

内容简介

《智能网联汽车环境感知技术》是"智能网联汽车核心技术丛书"中的一册。本书内容依托"杭州职业技术学院文库",深入解析了自动驾驶感知系统,涵盖车载传感器、定位导航、车联网通信、计算机视觉感知及目标检测与识别等关键技术领域,剖析了其核心原理、相关算法及系统架构,展现了自动驾驶技术的前沿进展与应用实践。从车辆"感官"到智能决策,本书为读者揭示自动驾驶背后的技术奥秘,助力行业发展。

本书适合智能网联汽车环境感知方向的技术人员阅读参考,也可供智能网联汽车行业的政策制定者、企业管理者、科研工作者以及汽车第三方检测机构人员阅读,同时也可以作为高等院校及大中专院校汽车相关专业的参考教材。

图书在版编目(CIP)数据

智能网联汽车环境感知技术 / 杨爱喜等著. -- 北京:化学工业出版社,2024. 10. --(智能网联汽车核心技术丛书). -- ISBN 978-7-122-46235-0

Ⅰ. U463.67

中国国家版本馆CIP数据核字第20246LR815号

责任编辑:雷桐辉　　　　　　　　文字编辑:张　宇
责任校对:张茜越　　　　　　　　装帧设计:王晓宇

出版发行:化学工业出版社
　　　　　(北京市东城区青年湖南街13号　邮政编码100011)
印　　刷:三河市航远印刷有限公司
装　　订:三河市宇新装订厂
787mm×1092mm　1/16　印张14　字数249千字
2025年1月北京第1版第1次印刷

购书咨询:010-64518888　　　　　　售后服务:010-64518899
网　　址:http://www.cip.com.cn
凡购买本书,如有缺损质量问题,本社销售中心负责调换。

定　　价:89.00元　　　　　　　　　　版权所有　违者必究

前言 PREFACE

21世纪以来，各项新兴技术的蓬勃发展，掀起了一轮又一轮科技革命。这些技术创新不仅会改变人们的衣食住行，更能够为各个行业注入转型的动力。以汽车行业为例，大数据、物联网、云计算、人工智能等技术的发展以及交通运输、通信技术等行业的创新升级，催生出了智能网联汽车这一能够代表汽车产业发展趋势的新产品。

由于汽车产业能够在国家经济发展的过程中发挥重要的推动作用，因此自智能网联汽车诞生后，我国各相关机构从政策层面相继出台了一系列技术指南、实施办法等，为智能网联汽车产业的良性发展保驾护航；同时，产业链中的互联网巨头、汽车企业以及运营商等也纷纷发挥着各自的角色价值。目前，我国智能网联汽车产业的发展可谓正处于产业与技术、政策三重共振的绝佳时机。

与传统汽车相比，智能网联汽车具有三个显著的特点：车辆的自主化、网络的互联化以及系统的集成化。从车辆的自主化方面来看，我国在自动驾驶辅助系统研发方面已经取得了一定的成果，并初步实现了大规模的产业化；从网络的互联化方面来看，我国智能网联汽车的发展已经进入大规模的道路测试阶段，2021年7月，工业和信息化部、公安部、交通运输部联合印发《智能网联汽车道路测试与示范应用管理规范（试行）》，截至2023年上半年，国内已经有超33座城市发放了自动驾驶路测牌照；从系统的集成化方面来看，我国目前部分车载设备和路侧设施等已经具有定位、通信、感知等功能，可以为智能网联汽车的运行奠定良好的基础。而要提升智能网联汽车车辆的自主化、网络的互联化和系统的集成化水平，就需要对相关关键技术进行深入研究，比如边缘云计算技术、高精度定位技术、C-V2X通信技术以及环境感知技术等。其中，环境感知技术是智能网联汽车"三横两纵"技术架构中的重要组成部分，能够为车辆的智能化、自动化运行提供数据支撑，也是实现智能网联交通的保障。

环境感知技术可以大致分为自主化车辆感知解决方案和网联化协同感知解决方案。智能网联汽车要实现单车智能，即需要具备相应的自主化车辆感知解决方案，其实现的技术基础包括车载传感器技术、定位导航技术等。较为常见的车载传感器有激光雷达、超声波雷达、毫米波雷达等；定位导航技术中比较具有代表性的有高精度地图等。这些关键技术和相关设备能够使得车辆在运行的过程中实时获得精准全面的与驾驶环境、驾驶状态、周边物体和行驶路径等相关的信息。不过，由于自主化车辆感知解决方案只能获得与主体车辆相关的信息，而且信息的获取难度较大、实时性要求较高，并不能完全保障车辆运行的安全性，因此就需要结合网联化协同感知解决方案提升信息采集的效率和范围，进一步提升车辆的感知水平，为用户提供更加人性化、智能化的驾驶体验。网联化协同环境感知技术即车联网通信技术，车联网通过高效的信息传输，实现了车辆内部、车辆与互联网（或云平台）、车辆与车辆之间的实时数据交互。

环境感知是自动驾驶最重要的功能之一，环境感知的性能以及对复杂道路环境和恶劣天气的适应性，直接影响自动驾驶技术的水平。而环境感知性能的实现，需要以多项关键技术为基础，除上述车载传感器技术、定位导航技术、车联网通信技术之外，智能网联汽车环境感知技术还涉及计算机视觉感知技术、目标检测与识别技术以及多传感器信息融合技术等。本书注重理论与实践相结合，分别从自动驾驶感知系统概述、车载传感器技术、定位导航技术、车联网通信技术、计算机视觉感知技术、目标检测与识别技术、多传感器信息融合技术七大维度出发，全面阐述智能网联汽车环境感知模块的系统架构、关键技术与应用策略，辅之以大量的结构图、框图和表格等形式，试图让读者全面掌握智能网联汽车环境感知技术的应用。

本书内容依托 2024 年度浙江省教育科学规划职业教育教师教学创新团队专项课题（课题编号：2024JCD017）、浙江省首批职业院校技能大师工作室"杨爱喜技能大师工作室"（立项号：浙教办函〔2023〕119 号）、2022 年度浙江省"尖兵""领雁"研发攻关项目（课题编号：2022C04023）、教育部高等学校科学研究发展中心中国高校产学研创新基金课题（课题编号：2022IT221）、2022 年度浙江省教育厅高校国内访问工程师校企合作项目（课题编号：FG2022072）、杭州职业技术学院高层次人才科研启动项目（编号：HZYGCC202109，HZYGCC202230），全面阐述智能网联汽车环境感知模块的系统架构、关键技术与应用策略，可为具备一定基础的人员提供自动驾驶环境感知系统的开发指导，试图为读者提供一些有益的借鉴与思考，对从事智能网联汽车设计研发、产品测试、质量论证等相关专业人员具有较高的参考价值，可供智能网联汽车行业的政策制定者、企业管理者、科研工作者以及汽车第三方检测机构人员阅读参考，也可作为高等院校及大中专院校汽车相关专业的参考教材。此外，由于本书是"智能网联汽车核心技术丛书"中的一册，因此推荐读者结合丛书中的其他书籍对照阅读，以便对智能网联汽车产业的发展有更加全面系统的了解和更为深入准确的把握。

著者

目录 CONTENTS

第1章　自动驾驶感知系统概述 001
　1.1　自动驾驶系统的技术架构 002
　　1.1.1　自动驾驶"三横两纵"架构 002
　　1.1.2　自动驾驶的四大关键技术 005
　　1.1.3　自动驾驶的计算平台架构 007
　　1.1.4　自动驾驶的软件系统框架 010
　1.2　感知系统框架与关键技术 013
　　1.2.1　感知系统整体架构 013
　　1.2.2　车载传感器技术 014
　　1.2.3　定位导航技术 016
　　1.2.4　车联通信技术 017
　1.3　感知系统测试技术与方法 019
　　1.3.1　图像系统测试 021
　　1.3.2　激光雷达系统测试 022
　　1.3.3　融合感知系统测试 023

第2章　车载传感器技术 025
　2.1　车载摄像头 026
　　2.1.1　车载摄像头原理与分类 026
　　2.1.2　车载摄像头的部件构成 029
　　2.1.3　车载摄像头的玩家群像 031
　　2.1.4　车载摄像头的技术趋势 033
　2.2　激光雷达 035

	2.2.1 激光雷达的原理与应用	035

    2.2.1 激光雷达的原理与应用……………………………………………035
    2.2.2 激光雷达的类型与特点……………………………………………037
    2.2.3 激光雷达的零部件构成……………………………………………039
    2.2.4 激光雷达的产业链图谱……………………………………………041
  2.3 超声波雷达………………………………………………………………044
    2.3.1 超声波雷达的特点与原理…………………………………………044
    2.3.2 超声波雷达的类型与参数…………………………………………046
    2.3.3 超声波雷达的行业竞争格局………………………………………048
  2.4 毫米波雷达………………………………………………………………050
    2.4.1 毫米波雷达特性与优势……………………………………………050
    2.4.2 毫米波雷达的工作原理……………………………………………051
    2.4.3 毫米波雷达在自动驾驶中的应用…………………………………053
    2.4.4 毫米波雷达在智能交通中的应用…………………………………054

第3章 定位导航技术……………………………………………………………058

  3.1 全球导航卫星系统………………………………………………………059
    3.1.1 全球定位系统的原理………………………………………………059
    3.1.2 全球定位系统的构成………………………………………………061
    3.1.3 全球主流的导航卫星系统…………………………………………062
    3.1.4 基于GPS的汽车导航系统…………………………………………065
  3.2 惯性导航系统……………………………………………………………067
    3.2.1 惯性导航技术的演变发展…………………………………………067
    3.2.2 惯性导航系统结构与类型…………………………………………069
    3.2.3 惯性导航系统的工作原理…………………………………………071
    3.2.4 惯性导航系统的核心算法…………………………………………073
  3.3 高精度地图技术…………………………………………………………076
    3.3.1 高精度地图技术特点与应用………………………………………076
    3.3.2 自动驾驶的高精度定位技术………………………………………079
    3.3.3 国外高精度地图的发展现状………………………………………081
    3.3.4 我国高精度地图的发展现状………………………………………082

第4章 车联网通信技术…………………………………………………………084

  4.1 车联网概念、内涵及架构………………………………………………085

  4.1.1 车联网的概念及内涵 085
  4.1.2 车联网功能架构体系 089
  4.1.3 车联网技术标准体系 091
  4.1.4 车联网产业发展现状 093
 4.2 车联网通信的技术路线 094
  4.2.1 DSRC 技术 094
  4.2.2 LTE-V2X 技术 096
  4.2.3 5G-V2X 技术 098
 4.3 5G 车联网整体解决方案 100
  4.3.1 车联网面临的技术挑战 100
  4.3.2 5G 车联网的应用优势 102
  4.3.3 5G 车联网关键技术 104
  4.3.4 5G 车联网解决方案 107

第5章 计算机视觉感知技术 111
 5.1 计算机视觉的原理与任务 112
  5.1.1 计算机视觉的概念与原理 112
  5.1.2 任务 1：图像分类 113
  5.1.3 任务 2：目标检测 116
  5.1.4 任务 3：目标跟踪 117
  5.1.5 任务 4：图像分割 118
  5.1.6 任务 5：影像重建 120
 5.2 基于深度学习的目标检测算法 121
  5.2.1 单阶段目标检测算法 122
  5.2.2 二阶段目标检测算法 125
  5.2.3 无锚点目标检测算法 129
  5.2.4 目标检测算法的性能比较 131
 5.3 基于深度学习的深度估计 132
  5.3.1 传统单目深度估计的方法 132
  5.3.2 传统双目深度估计的方法 134
  5.3.3 基于深度学习的单目深度估计 136
  5.3.4 双目立体视觉匹配的算法流程 138
  5.3.5 基于场景的深度估计数据集 140

5.4　SLAM 技术与应用 141
　　　　5.4.1　SLAM 系统结构与原理 141
　　　　5.4.2　SLAM 分类与流程 145
　　　　5.4.3　激光雷达主流的 SLAM 算法 147
　　　　5.4.4　基于 SLAM 的自动驾驶应用 151

第6章　目标检测与识别技术 154
　　6.1　道路检测与识别 155
　　　　6.1.1　道路检测与识别方法 155
　　　　6.1.2　道路检测与识别算法 157
　　　　6.1.3　道路障碍物检测与识别 159
　　　　6.1.4　可行驶区域检测与识别 161
　　6.2　车辆检测与识别 163
　　　　6.2.1　车型检测与识别方法 163
　　　　6.2.2　车牌检测与识别方法 166
　　　　6.2.3　车辆时空参数识别 169
　　　　6.2.4　车辆重量参数识别 172
　　6.3　行人检测与识别 174
　　　　6.3.1　行人检测系统的技术与应用 174
　　　　6.3.2　基于计算机视觉的行人检测 176
　　　　6.3.3　行人检测与跟踪的主要方法 178
　　6.4　交通标志检测与识别 180
　　　　6.4.1　交通标志识别的技术原理 180
　　　　6.4.2　道路交通标志识别的方法 182
　　　　6.4.3　道路交通标志识别的应用 184

第7章　多传感器信息融合技术 187
　　7.1　多传感器信息融合的原理与结构 188
　　　　7.1.1　多传感器信息融合的工作原理 188
　　　　7.1.2　多传感器信息融合的主要优势 189
　　　　7.1.3　多传感器信息融合的三个层次 191
　　　　7.1.4　多传感器信息融合的系统结构 192
　　7.2　多传感器信息融合的算法与技术 195

		7.2.1 随机类信息融合算法	195

      7.2.2 AI 类信息融合算法 198

  7.3 基于多传感器信息融合的环境感知策略 199

      7.3.1 基于信息融合的感知系统 199

      7.3.2 多传感器信息融合与目标探测 201

      7.3.3 面向自动驾驶的融合策略 203

      7.3.4 可行驶区域探测信息融合 205

参考文献 207

第1章
自动驾驶感知系统概述

1.1 自动驾驶系统的技术架构

1.1.1 自动驾驶"三横两纵"架构

21世纪以来，随着科技革命和产业革命不断深化，生产设备更新换代，各个行业的生产技术、制造工艺都有了质的提升；随着网络通信技术飞速发展，大数据、人工智能、云计算等新兴技术不断涌现。汽车产业作为生产力水平的重要代表，其技术创新也走在时代前列，融合了汽车、电子、网络通信等领域先进技术的智能网联汽车，是汽车产业的重要发展方向。

● 从政策角度看，我国高度重视车联网产业的发展。在实施"中国制造2025"战略的大背景下，智能网联汽车被确定为汽车产业的重要发展目标之一。同时，推动智能网联汽车发展也是建设制造强国、质量强国、网络强国、数字中国，适应国际竞争的必然要求。

● 从技术角度看，不论是在汽车生产还是汽车行驶过程中，大数据、云计算、人工智能、5G通信等技术已经运用于汽车产业的各个场景。汽车的自动化与智能化程度越来越高，最终将依赖智能电子系统自动驾驶，而不再需要人工驾驶。将人从劳动中解放出来，正是技术进步的意义所在。

● 从应用角度看，随着交通运输网络的发展和网络信息技术的进步，共享货运、共享出行等方式促进了交通资源的高效利用，也催生了社会生活、生产的新模式。同时，汽车不再是单纯的出行工具，而被赋予了更多的娱乐休闲、移动家居、工作等多种生活空间的功能。

● 从产业角度看，随着网络信息技术、计算机技术等新兴技术在交通领域的深化运用，汽车产业也顺应趋势，改变传统因素，积极将先进的网络通信技术、智能控制技术、自动化技术等引入产业链中，推动产业优化创新，促进产业链价值不断延伸拓展，适应智能交通的发展要求。

2016年10月，中国汽车工程学会在年会上发布了《节能与新能源汽车技术路线图》，并在该路线图中将智能网联汽车的技术架构确立为"三横两纵"技术架构。其中，"三横"指的是车辆关键技术、信息交互关键技术和基础支撑关键技术，"两纵"指的是车载平台和基础设施，基础设施又包含了道路、交通、通信网络等多项能够在外部环境方面为智能网联汽车提供支持的发展条件。智能网联汽车"三横两纵"关键技术架构大致如图 1-1 所示。

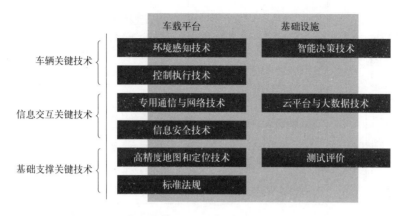

图 1-1 智能网联汽车"三横两纵"关键技术架构

智能网联汽车的横向技术即上文提到的"三横",又可细分为三层体系,第一层分为车辆关键技术、信息交互关键技术、基础支撑关键技术三部分,各部分下再细分第二层与第三层技术,如表 1-1 所示。

表1-1 智能网联汽车"三横"技术体系

第一层	第二层	第三层
车辆关键技术	环境感知技术	雷达探测技术 机器视觉技术 车辆姿态感知技术 乘员状态感知技术 协同感知技术 信息融合技术
	智能决策技术	行为预测技术 态势分析技术 任务决策技术 轨迹规划技术 行为决策技术
	控制执行技术	关键执行机构(驱动/制动/转向/悬架) 车辆纵向/横向/垂向运动控制技术 车间协同控制技术 车路协同控制技术 智能电子电气架构

续表

第一层	第二层	第三层
信息交互关键技术	专用通信与网络技术	车辆专用短程通信技术 车载无线射频通信技术 LTE-V 通信技术 移动自组织网络技术 面向智能交通的 5G 通信技术
	大数据技术	非关系型数据库技术 数据高效存储和检索技术 车辆数据关联分析与挖掘技术 驾驶员行为数据分析与应用技术
	云平台技术	信息服务平台 安全/节能决策平台
	信息安全技术	车载终端信息安全技术 手持终端信息安全技术 路侧终端信息安全技术 网络信息安全技术 数据平台信息安全技术
基础支撑关键技术	高精度地图	三维动态高精度地图
	高精度定位	卫星定位技术 惯性导航与航迹推算技术 通信基站定位技术 协作定位技术
	基础设施	路侧设施与交通信息网络建设
	车载硬件平台	通用处理平台/专用处理芯片
	车载软件平台	交互终端操作系统 车辆控制器操作系统/共用软件基础平台
	人因工程	人机交互技术 人机共驾技术
	整车安全架构	整车网络安全架构 整车功能安全架构
	标准法规	标准体系与关键标准
	测试评价	测试场地规划与建设 测试评价方法
	示范应用	示范应用与推广

就目前来看，智能网联汽车正在向车路协同和车路一体化的方向快速发展，与之相对应的各项基础设施的电子化、信息化和智能化程度也在日渐提高。伴随智能

网联汽车的发展,新型智能网联汽车车载架构的重要性日渐突出,与此同时,由于智能网联汽车具有十分广阔的应用前景,汽车行业还需进一步突出对智能网联汽车应用场景的描述,加快推动智能网联汽车产业化落地。

1.1.2 自动驾驶的四大关键技术

自动驾驶汽车中装配了雷达、监控、人工智能、视觉设计和全球定位系统等多种设备,可以利用计算机系统操控各项设备实现无人驾驶。自动驾驶的四大关键技术主要包括环境感知、智能决策、路径规划和运动控制,如图1-2所示。

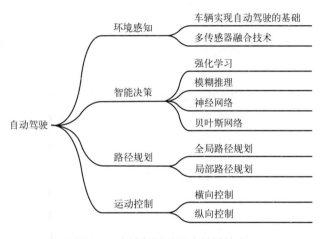

图1-2 自动驾驶的四大关键技术

(1) 环境感知

环境感知是车辆实现自动驾驶的基础,智能汽车需要利用感知技术来实现对道路情况、车辆、行人和天气状况等多个方面的感知,并精准高效地采集驾驶环境信息和车辆信息,进而在信息层面为车辆自动驾驶的各项决策提供支撑,确保自动驾驶的安全性和可靠性。为了提高车辆的感知能力,通常需要花费高昂的成本为自动驾驶汽车装配各种类型的传感器,如车载雷达、视频摄像头、激光测距仪、速度传感器、加速度传感器等。

每种传感器都有各自的局限性,无法充分满足自动驾驶车辆在不同驾驶场景中的感知需求,因此自动驾驶汽车需要借助多传感器信息融合技术来实现对环境的全面精准感知,进而充分确保车辆在不同环境中自主运行的安全性和稳定性。由此可见，多传感器信息融合技术是自动驾驶汽车实现环境感知过程中不可或缺的技术，也是我国目前研究和发展的重点技术。

（2）智能决策

自动驾驶车辆需要利用感知系统采集到的信息和决策技术来进行决策。具体来说，实现自动驾驶所需的决策技术主要包括强化学习、模糊推理、神经网络、贝叶斯网络等，自动驾驶汽车可以借助这些技术进行环境状况预测、行车情况预测，进而判断车辆行驶所需的车距和车道，实现障碍物警告和车道偏离预警等功能，进一步提高行车的安全性。

（3）路径规划

在智能汽车上路行驶前，自动驾驶系统需要根据感知系统提供的环境信息来进行车辆定位，并以路径规划的方式为车辆提供合理的驾驶路线，以便车辆按照规划路线进行自主导航。

从环境信息的完整度方面来看，路径规划方法主要包括以下两种：

① 全局路径规划。全局路径规划就是自动驾驶系统在环境信息完整的情况下从众多可到达目的地的路径中选取一条路径作为行驶路线。一般来说，全局路径规划会借助栅格法、拓扑法、可视图法、自由空间法、神经网络法等静态路径规划算法来帮助智能汽车规划行驶路线。

② 局部路径规划。局部路径规划就是自动驾驶系统在能够借助各种传感器实时采集各项环境信息的情况下根据车辆实时行驶所遇到的问题对全局路径规划提供的行驶路线进行调整，以便及时对道路中的车辆、行人和障碍物等进行避让，确保车辆安全行驶。一般来说，局部路径规划会使用遗传算法、虚拟力场法、人工势场法、矢量域直方图法等动态路径规划算法来实现科学、合理、精准、高效的路径规划。

（4）运动控制

智能汽车需要利用运动控制技术来确保车辆按照已经规划好的路径平稳行驶。

运动控制大致可分为横向控制和纵向控制两部分，其中横向控制就是通过操控车辆完成转向来确保车辆沿规划路径行驶；而纵向控制用于操控车辆加减速，有时也需要与横向控制相配合，充分确保车辆的安全性、稳定性和舒适性。就目前来看，横向控制是自动驾驶领域研究的重点内容，最优控制、模糊控制、滑模控制、纯跟踪控制、自适应控制和神经网络控制等都属于横向控制。

智能汽车中的自动驾驶系统具有复杂性的特点，横向、纵向甚至垂向之间都会互相作用、互相影响，因此若要充分确保车辆按照既定的路线安全稳定行驶，就必须加强对协同控制技术的研究，进一步提高横向、纵向、垂向之间的协调性。

1.1.3 自动驾驶的计算平台架构

自动驾驶计算平台可以利用环境感知定位、车辆运动控制和路径决策规划等多种车辆核心控制算法来对全球定位系统（global positioning system，GPS）信息、车与外界的信息交换（vehicle to everything，V2X）数据、环境感知数据、车辆实时数据等输入的数据信息进行处理，并据此输出相应的执行控制指令，助力车辆自动完成驱动、传动、转向、制动等操作，同时也可以利用人机交互界面来与车辆驾驶员交流各项自动驾驶信息，为智能网联汽车实现人机交互提供支持。

自动驾驶计算平台中集成了基础硬件/软件平台技术、系统安全平台技术、整车通信平台技术、云计算平台技术和核心控制算法技术等多种技术手段，能够赋予智能网联汽车较强的控制能力，充分满足自动驾驶系统在性能和安全性方面的要求。自动驾驶的计算平台架构具体如图1-3所示。

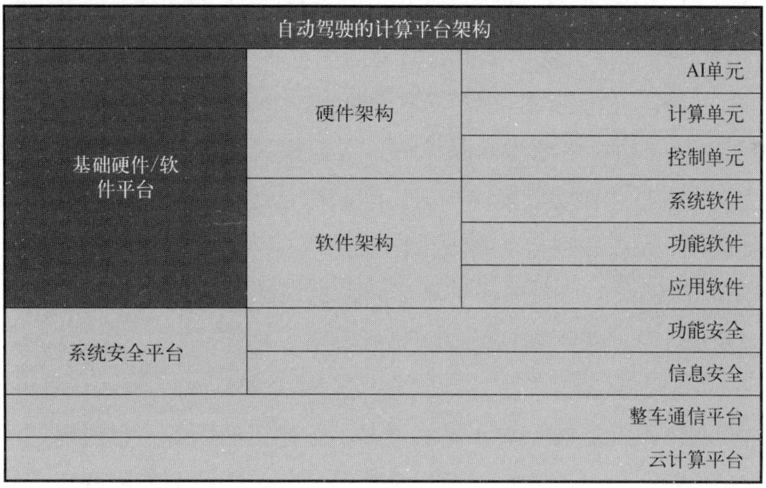

自动驾驶的计算平台架构		
基础硬件/软件平台	硬件架构	AI单元
		计算单元
		控制单元
	软件架构	系统软件
		功能软件
		应用软件
系统安全平台		功能安全
		信息安全
整车通信平台		
云计算平台		

图1-3 自动驾驶的计算平台架构

（1）基础硬件/软件平台

① 硬件架构。自动驾驶域控制器具有接口类型丰富、接口数量多、性能较强等特点，能够连接车联线控平台和各种外围传感器，并在此基础上充分发挥人工智能算法和多传感器信息融合等先进技术的作用，推动智能网联汽车的自动驾驶系统实现智能化控制，因此域控制器还需进一步优化接口，强化自身的算力和性能，同时制定并实施包含多种架构芯片的异构多核芯片硬件方案。

从构成上来看，异构多核芯片硬件架构主要包含以下三个单元：

- AI单元：AI单元具有十分强大的算力，能够借助系统内核来分配和调度各项软硬件资源和加速引擎，并分析各项传感器设备所采集的数据信息，从而为智能网联汽车的自动驾驶系统提供经过处理的相关环境信息，以便对汽车行驶进行有效的规划、决策和控制。
- 计算单元：计算单元中装配有多核中央处理器（central processing unit，CPU），具有十分强大的计算能力和较高的主频，能够利用系统内核对各项软硬件资源进行管理，并灵活安排各项相关工作任务，且能够充分发挥多传感器信息融合数据的作用，实现路径规划和决策控制等诸多功能，在自动驾驶相关算法的执行过程中发挥着重要作用。
- 控制单元：控制单元可以利用微控制单元（microcontroller unit，MCU）对车辆进行横向和纵向控制，并在此基础上综合运用各项车辆控制相关的功能软件来对车辆进行控制，并在软件系统中提前设置通信接口，以便与智能车辆操作系统进行连接和交互。

② 软件架构。计算平台中的软件由下往上可依次分为以下三个层面：
- 系统软件层面：主要由虚拟机监视器、板级支持包（board support package，BSP）、中间件组件、狭义操作系统（operating system，OS）内核等构成。
- 功能软件层面：主要由网联模块、运控模块、自动驾驶通用框架等各项与自动驾驶相关的核心共性功能模块构成，能够综合运用各项功能软件和系统软件来助力智能网联汽车完成各项自动驾驶操作任务。
- 应用软件层面：主要由场景算法和数据地图等构成，其中场景算法又包含数据感知、多元融合、决策规划、控制执行等诸多功能。

（2）系统安全平台

智能网联汽车不仅能够为乘客提供更多、更便捷的服务，也能够广泛采集驾驶员的个人信息和隐私信息，并实现远程操控等功能，因此智能网联汽车的网络安全逐渐成为人们关注的重点问题。处于自动驾驶状态下的车辆主要使用计算机来完成各项驾驶任务，因此汽车中往往需要装配许多传感器和控制器，并使用更加先进的执行器，同时系统的复杂度也会随之升高，导致系统故障问题频发，但对自动驾驶汽车来说，即便出现系统故障，也应保证车辆的功能安全和信息安全，确保车辆的可操控性。

① 功能安全。汽车电子功能安全标准ISO 26262能够详细地描述出汽车电子电气系统的硬件随机失效、潜在故障失效、多点故障失效和软件故障注入测试等内容，是当前汽车功能安全领域应用的主要安全标准规范。不仅如此，系统安全平台还需要借助汽车风险定制方案、运行汽车安全等级要求等找出车辆在功能方面存在

的潜在风险问题,并将安全等级提高至规定要求范围当中,确保产品的生命周期和安全完整等级符合安全标准中的相关要求。

为了防范系统功能失效带来的风险问题,系统安全平台需要根据基于危害分析和风险评估的安全目标和汽车安全完整性等级(automotive safety integrity level,ASIL)来实施功能安全,并积极开发、优化、完善和落实各项相关安全要求,同时通过对安全状态的分析来确定系统冗余设计策略,并借助该策略来满足自动驾驶汽车的失效可运行需求。

② 信息安全。智能网联汽车中融合了无线通信技术,具有计算机联网属性,能够借助网络来获取和应用云端大数据库中的各项相关数据,并在系统软件的作用下自动完成各项操作任务,但同时也存在用户数据丢失等信息安全问题。由此可见,智能网联汽车的系统安全平台应从车外通信、架构隔离、车内通信、控制器内部入手,设置从外向内、逐层递进的多级信息安全防护策略,并加强对信息安全危害的分析。

(3) 整车通信平台

V2X 可以综合运用多种无线通信技术集成车、路、人、云等多项交通要素,为智能网联汽车获取感知信息提供支持,同时也能够进一步推动自动驾驶技术的创新发展和广泛应用,提高交通体系的智慧化程度,革新汽车和交通服务的发展模式和业态,并达到优化交通管理、提高交通效率和交通的安全性,以及减少资源浪费和污染物排放等目的。

V2X 能够通过对上层应用的进一步开发全面优化汽车领域的智能网联生态,并支持智能网联汽车实现自动驾驶、远程监控、交通管理、高效出行等多种功能。

在第三代合作伙伴计划(3rd Generation Partnership Project,3GPP)标准组织对 V2X 的定义中,V2X 技术主要涉及车辆与车辆的信息交换(vehicle to vehicle,V2V)、车辆与外界的信息交换(vehicle to infrastructure,V2I)、车辆与人的信息交换(vehicle to pedestrian,V2P)、车辆与云端的信息交换(vehicle to cloud,V2C)等通信场景。就目前来看,融合了 4G 网络的基于长期演进的车用无线通信技术(long term evolution-vehicle to everything,LTE-V2X)的应用以及基于 5G 新广播(new radio,NR)的 V2X 技术是我国汽车领域相关工作人员研究的重点内容。

(4) 云计算平台

现阶段,云计算平台已经能够实现信息娱乐、驾驶行为分析等多种在实时性方面没有较高要求的智能化的内容服务和数据分析功能。从作用原理上来看,云计算平台可以接收、存储、挖掘和分析各项来源于电子控制单元（electronic control unit，ECU）的数据信息，并根据数据分析结果建立相应的数据模型，以便车辆利用该数据模型来优化用户体验。

与传统的计算平台相比，云计算平台具有规模大、成本低、通用性强、可靠性强、扩展性强、虚拟化能力强和按需服务等优势，能够在数据计算方面发挥更大的作用。近年来，4G网络的上行和下行速度不断提高，4G网络在各类汽车中的应用日渐广泛，计算平台也开始逐渐向云计算平台迁移。

未来，当网络速度达到超高速级别时，云控平台的域控制器则需要处理海量数据，因此研究人员需要加大对相关核心算法和人工智能芯片的研究力度，进一步强化域控制器的数据计算能力。

1.1.4　自动驾驶的软件系统框架

自动驾驶软件系统主要包括车辆端的运行操作系统和自动驾驶系统以及云平台中的各类自动驾驶相关服务，如图1-4所示。

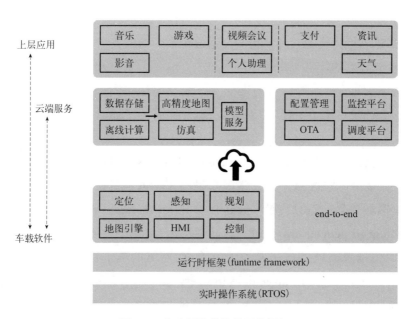

图1-4　自动驾驶的软件系统框架

（1）车辆端运行操作系统

操作系统能够对计算系统中的所有硬件资源和软件资源进行管控，对计算机的工作和资源进行科学合理的安排和调度，整合各项程序，从而为用户和各项软件提供方便。与手机、电脑等设备的操作系统相比，自动驾驶操作系统需要具备支持各项自动驾驶软件算法运行的能力，因此大多具有复杂度高、安全要求高、稳定性和实时性强等特点。

为了确保稳定性，操作系统需要减少自身占用资源，提高可运行时长，并降低各类故障问题对自身的影响；为了确保实时性，操作系统需要提高自身对控制指令的响应速度。就目前来看，实时操作系统能够在汽车电子、工业设备和航空航天等多个领域中发挥作用，实时性不足的操作系统无法及时响应控制指令，可能会带来十分严重的安全问题。

（2）车辆端自动驾驶系统

自动驾驶系统中融合了定位、环境感知、路径规划和控制等多种算法，是支撑汽车实现自动驾驶的关键，也是自动驾驶软件系统的核心组成部分。自动驾驶系统运行的底层逻辑架构主要包括以下两种类型：

① 模块化的软件架构。模块化的软件架构是当前自动驾驶系统中应用最为广泛的一种架构，现阶段，大多数自动驾驶系统中的算法模块都包含感知层、定位层、预测层、决策规划层和控制层等多个组成部分，能够在自动驾驶汽车领域中发挥重要作用，如图1-5所示。目前，该架构已经被应用到全球最大的自动驾驶开源社区Apollo和Autoware当中。

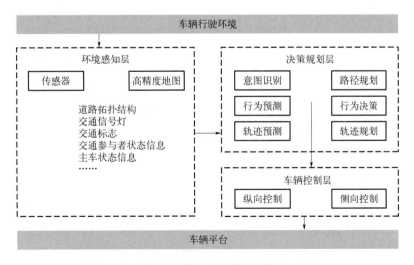

图1-5　模块化的软件架构

② 端到端的软件架构。端到端的自动驾驶方法以来源于传感设备的数据为输

入，并利用深度学习模型输出制动、转向等控制信号，控制汽车按照信号中所传达的信息行驶。

端到端的自动驾驶方法具有高效性强、结构复杂度低、无须依赖高精度地图等优势，但同时也存在可解释性不足的问题，而自动驾驶汽车大多利用深度学习模型来进行感知、决策和规划，因此端到端的自动驾驶方法无法在自动驾驶汽车出现故障时找出具体原因

自动驾驶汽车可以按照联网情况划分成单车智能和网联智能两种类型，其中，单车智能自身的智能化程度较高，即便没有网络的支持也能够实现自动驾驶；网联智能可以利用车联网实现车辆与车辆以及车辆与环境之间的智能化交互，既具备自动驾驶能力，也能够在网络的支持下实现更高级的智能。就目前来看，汽车行业可以通过促进单车智能和网联智能协同发展、互相作用的方式来加快自动驾驶汽车的落地速度。

（3）自动驾驶云服务

自动驾驶云服务是车辆实现自动驾驶的关键，也是支撑数据存储、模型训练、高精度地图和自动驾驶仿真等各项自动驾驶相关功能稳定运行的基础。截至目前，百度 Apollo、亚马逊 AWS 和华为 Octopus 均已实现数据 Pipeline、自动驾驶仿真、模型训练部署、数据采集和存储等自动驾驶相关功能，能够向用户提供多种自动驾驶服务。

① 数据存储。在数据存储环节，自动驾驶云平台需要利用具有可靠性强、可水平扩展容量等特点的分布式文件系统来保存汽车在自动驾驶过程中产生的各项数据。

② 数据处理。在数据处理环节，自动驾驶云平台需要借助数据处理来完成高精度地图生成、深度学习模型训练、自动驾驶仿真等任务。从流程上来看，数据处理主要涉及数据收集、数据清洗、数据标注、数据训练和数据部署等内容。首先，云平台需要采集自动驾驶模型的训练数据；其次，要对这些数据进行人工标注；再次，需要利用经过标注的数据完成模型训练；最后，构建出具有车辆识别和行人识别功能的深度学习模型。

③ 地图服务。地图中包含大量道路信息和堵车、交通管制等需要实时动态更新的动态信息，且地图维护过程中需要对这些信息进行采集、加工和标注，因此地图维护通常具有维护成本高、维护难度大等问题，尤其是高精度大体量地图的维护。现阶段，部分高精度地图提供商指出可以采取众包的方式来对高精度地图进行更新和维护，以便降低维护难度，减少在地图维护方面的成本支出。

1.2 感知系统框架与关键技术

1.2.1 感知系统整体架构

自动驾驶汽车是利用车载感知系统获取车辆以及外界环境信息,通过对这些信息进行深入挖掘与计算制定合理决策,控制车辆按照既定路线,在不需要人类驾驶员干预的情况下自动行驶,在行驶过程中根据突发情况加减速或者紧急制动,以保证行驶安全。除感知系统外,自动驾驶汽车还集成应用了很多技术,包括互联网技术、智能控制技术、汽车电子技术等。

以自动驾驶汽车辅助控制系统的自动化功能为依据,美国国家公路交通安全管理局(NHTSA)将自动驾驶技术分为 0～4 五个等级,如表 1-2 所示。

表1-2 NHTSA对自动驾驶等级的划分

等级	特点
0- 无自动化	驾驶人完全操控车辆
1- 单项功能自动化	行驶方向或加减速中的一项实现自动控制,如自适应巡航控制、自动紧急制动等
2- 多项功能自动化	行驶方向以及加减速等的多项实现自动控制
3- 有限的自动驾驶	所有操作均可实现自动控制,如遇突发情况,驾驶人可接管
4- 完全的自动驾驶	整个驾驶操作均可自动控制,驾驶人无须干预

随着自动驾驶技术的等级不断升高,辅助控制系统的功能将不断丰富,可以应对的场景也将越来越多,最终将从辅助驾驶转变为控制驾驶,将人类驾驶员彻底解放出来。在这个过程中,车辆搭载的感知系统非常重要,因为该系统实时、高效、全面地采集周边环境信息是实现自动驾驶的基础。

下面对自动驾驶汽车的感知系统进行具体分析。

自动驾驶汽车需要配备三大核心系统:一是可以实时感知周围环境信息的感知系统;二是可以根据感知系统实时获取的信息规划行驶路径、制定驾驶决策的控制系统;三是可以执行驾驶决策,控制车辆行驶状态的执行系统。其中,感知系统主要包括内部感知、驾驶人感知和环境感知,如图 1-6 所示。

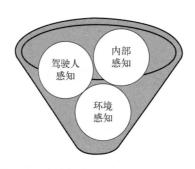

图 1-6 自动驾驶车辆感知系统的组成

（1）内部感知

使用 CAN 总线采集车内各电子控制单元以及各类车载传感器实时产生的信息，比如气囊、安全带等与车辆安全相关的信息，转速、油压等与车辆动力相关的信息，空气流量、车内外温差等与车体状态相关的信息，以了解车辆的状态。

（2）驾驶人感知

通过人机交互界面或者车载传感器获取驾驶人的面部表情，识别驾驶人的手势、语音等控制指令，以判断驾驶人的状态。

（3）环境感知

利用传感器、定位导航、车联通信等设备与应用实时获取周边的环境信息，包括道路通行状况、附近的车辆与行人状况、停车场位置、天气状况等。环境感知是保证自动驾驶行车安全的关键，下面围绕环境感知对自动驾驶的感知系统进行具体分析。

1.2.2　车载传感器技术

自动驾驶汽车的感知系统主要具备两大功能：第一，在车辆行驶过程中实时感知周边环境，尤其是周边的车辆、行人与障碍物，在碰撞发生前紧急避让，避免交通事故发生，保证行车安全；第二，感知系统可以根据采集到的信息快速规划一条行驶距离最短的路线，即便遇到突发状况也可以随时变更行驶路线，快速抵达目的地，为车辆安全、高效、平稳行驶提供了强有力的保障。

感知系统是实现自动驾驶的重要基础，为自动驾驶系统合理地规划行驶路径、避免发生交通事故、保证行驶安全提供了强有力的保障。一般来讲，自动驾驶的感知系统主要由传感器、定位导航、车联通信技术三大部分构成。其中：

- 传感器主要用于收集车辆在行驶过程中遇到的人、车、路信息，可以帮助自动驾驶汽车有效应对在行驶过程中遇到的突发状况；

● 定位导航可以确定车辆与路网中其他单元之间的位置关系，为自动驾驶汽车精准定位、规划行驶路径提供强有力的支持；

● 车联通信可以实现人、车、路的互联互通，通过信息交互扩大环境感知范围，解决车载传感器感知范围有限、信号传输容易受环境影响等问题，为自动驾驶汽车提供更多信息，辅助自动驾驶系统提前预测可能发生的危险，并进行有效应对。

下面首先对车载传感器技术进行简单分析。

车载传感器主要用来感知行驶环境、道路状况以及周围障碍物情况。其中，行驶环境主要包括交通状况、路面状况、天气情况等可能危及行驶安全的环境信息；道路状况包括路侧标识牌、临时设置的路障、车道线、信号灯等可以用于道路分析，识别可通行的道路信息；周围障碍物情况包括附近的车辆、行人、动物等可移动的障碍物以及可能影响车辆通行的无法移动的障碍物等。

目前，传感器使用的感知技术主要包括视觉感知、激光感知、微波感知等。视觉感知主要利用车载摄像头采集车辆行驶过程中的各类信息，然后利用视觉算法对这些信息进行处理，实现对环境的精准感知；激光感知是利用滤波、聚类等技术对激光雷达采集到的点云数据进行处理以实现环境感知；微波感知是利用微波雷达采集车辆与障碍物、事故路段等的距离信息，然后利用相关算法对这些数据信息进行处理，从而实现对周围环境的感知。下面对这三种环境感知方法的优缺点进行对比，如表1-3所示。

表1-3 三种环境感知方法的优缺点对比

方法	优点	缺点
视觉感知	信息量丰富，实时性好，体积小，能耗低	易受光照条件和运动速度等影响，三维信息测量精度较低
激光感知	直接获取物体三维距离信息，测量精度高，对光照变化不敏感	体积较大，价格昂贵，无法感知无距离差异的平面内目标信息
微波感知	直接获取物体三维距离信息，数据精度高，实时性好，体积小，对光照变化不敏感	无法感知无距离差异的平面内目标信息

基于各类传感器感知技术的优缺点，自动驾驶需要根据应用场景以及系统功能选择合适的传感器感知技术。例如，在市区，由于车辆行驶速度不是很快，但道路环境比较复杂，需要利用激光感知、视觉感知技术采集更大范围内的数据，提前预知各种风险，保证行车安全；在高速公路上，由于车辆行驶速度比较快，需要利用

微波感知技术来识别更远距离的环境与障碍物信息，以便自动驾驶系统根据前方的交通状况采取合适的驾驶策略，保证行车安全。

目前，很多车辆搭载了ADAS，这类系统使用了各种传感器，具备辅助驾驶功能，为完全自动驾驶的实现奠定了良好的基础。但单一传感器获取信息的时效性、完整性都比较差，为了扩大信息感知范围，提高障碍物检测与识别的准确度，ADAS要对多种传感器进行融合应用。近年来，一些主流的汽车厂商尝试对激光雷达、微波雷达等传感器以及普通光学摄像头、红外摄像头等光学传感器进行集成应用，开发出行人安全检测系统，可以更高效、准确地避让行人，保证行车安全。

1.2.3 定位导航技术

传感器虽然可以感知车辆运行周边的环境信息，但无法实现车辆在全局环境中的精准定位，也难以规划车辆的行驶路径，这两大功能需要借助定位导航系统来实现。自动驾驶的定位导航系统能够对远程通信、数据库、地理信息系统（geographical information system，GIS）、车辆定位等技术进行集成应用，可以对车辆进行精准定位，规划车辆行驶路径，提供路径引导以及综合信息服务，让车辆能够在最短时间、最短距离内到达目的地，从而降低车辆行驶能耗，让车辆实现经济、安全、平稳地行驶。

其中，定位导航系统的首要功能是提供车辆运行的精准位置信息，而这就依赖于车辆定位技术。地图匹配、航迹推算、惯性导航以及卫星定位等均是发展比较成熟的定位技术。目前，自动驾驶定位导航使用的导航方法主要有三种，分别是高精度GPS导航、磁导航、惯性传感器导航，具体如表1-4所示。

表1-4　主要定位导航技术的优缺点对比

方法	优点	缺点
高精度GPS导航	全天候，全球性，无积累误差，三维定位精度高	数据更新频率低；载体高速运动、受遮挡时，易丢失卫星定位信号
磁导航	稳定可靠，定位精度高，不受温度、天气等环境因素影响	道路铺设导线成本高，不易在城市道路广泛推广，长距离磁导航需要消耗大量电能
惯性传感器导航	数据更新率高，短期精度高，全天候工作，具有良好的隐蔽性和较强的抗干扰性	误差随时间积累，长时间使用后导航精度降低

自动驾驶需要根据具体的应用场景对几种定位导航技术进行组合使用，下面对几种比较常见的组合应用方案进行具体分析。

（1）GPS+INS

在这个组合应用方案中，INS 导航短期定位精度高、数据更新频率高的优点可以弥补 GPS 导航数据更新频率低的缺点，可以在网络环境比较差、卫星信号传输中断等情况下辅助 GPS 系统持续输出；GPS 系统定位精度高的优点可以弥补 INS 导航无法长时间精准定位的缺点，可以缩小 INS 导航随着时间积累而不断扩大的误差。简单来说就是，GPS 输出的高精度的位置信息以及行驶速度信息可以提高 INS 导航解算精度，INS 导航可以在 GPS 无法接收卫星信号的情况下在短时间内保证整个导航系统稳定运行，保证车辆定位、导航不会出现太大偏差。

（2）GPS+INS+GIS

这个组合应用方案是在 GPS+INS 的基础上，利用 GIS 系统中地图匹配算法将获取的车辆位置信息与电子地图进行匹配，以进一步实时精准定位车辆位置，可以有效解决 GPS 导航长时间无法接收到卫星信号，无法对车辆进行精准定位，而 INS 导航又无法长时间对车辆进行精准定位的问题，而且不用额外在车辆上加装硬件设备，不会增加导航系统的建设成本。但这种组合导航方案的应用有两个条件：一是车辆要在电子地图覆盖的道路上行驶；二是电子地图的数据误差不能比 GPS 定位的误差大。

（3）高精度智能地图导航技术

这种定位导航技术是对高精度地图与云端数据库进行集成应用，利用高精度地图已经采集到的交通标志、路网结构等数据，以及云数据库实时采集的道路车流量、人流量、临时交通管制、交通拥堵、交通事故等数据，将这些数据与自动驾驶汽车车载传感器获取的数据相结合，可以感知全局环境，对车辆进行精准定位，为车辆匹配合适的道路，保证车辆顺畅、稳定地行驶。

高精度地图行业吸引了很多企业前来布局，包括谷歌、阿里巴巴等互联网公司，奥迪、宝马、丰田等世界老牌汽车厂商，以及德国大陆、博世等具有代表性的汽车零部件公司等。例如，宝马在车辆前保险杠下方安装激光扫描仪，来感知前方的路况信息；博世在车顶安装旋转激光扫描仪，辅之以车辆其他位置安装的雷达、超声波传感器、立体声摄像机等设备收集周围的环境信息以及路况信息，生成环境 3D 地图；谷歌使用激光扫描仪搭配 GPS 以及其他传感器来感知周围的环境信息，绘制环境地图；丰田将车载摄像头获取的信息与 GPS 数据信息打包发送到数据中心，经过数据中心处理生成高精度地图。

1.2.4 车联通信技术

车联通信（vehicle to everything，V2X）的内涵非常丰富，包括车与车通信

(vehicle to vehicle，V2V)、车与基础设施通信（vehicle to infrastructure，V2I)、车与人通信（vehicle to pedestrians，V2P）等，可以实现车与车、车与基础设施、车与人之间的信息交换，是车联网的重要基础，而且通过信息交换可以扩大环境感知范围，提高对周围环境感知的准确性，消除视野盲点，为自动驾驶安全提供强有力的保障。

根据美国国家公路交通安全管理局（NHTSA）预测，车联通信可以有效降低交通事故的发生率，在最大程度上减少交通事故造成的损失。其中轻型车辆实现V2V可以将交通事故的发生率降低80%，重型车辆实现V2V可以将交通事故的发生率降低71%，实现V2I可以将道路安全事故的发生率降低12%。

车联通信的实现需要一个稳定、可靠的通信网络，支持车辆在高速运动的状态下接收并发送信息，与周围的车辆、人、基础设施开展信息交互。具体来看，车联通信所依托的通信技术需要满足如图1-7所示的要求。

图1-7　车联通信技术需满足的要求

具体来看，车联通信所依托的网络要支持 50～500m 范围内的信号传输，传输时延不能超过 100ms，V2V 通信的数据包大小不能超过 100 个字节，V2I 通信的数据包大小不能超过 340 个字节。为了满足车联通信对网络的上述要求，各国的相关机构与企业通过积极探索，利用现有的无线通信技术提出了很多解决方案，这些通信技术包括专用短程通信（dedicated short range communication，DSRC）、Wi-Fi、蜂窝网络、微波存取全球互通（worldwide interoperability for microwave access，WiMAX）、长期演进（long term evolution，LTE）等。

在这些无线通信技术中，DSRC 凭借传输速度快，网络时延短，支持点对点、点对多点通信，相关技术发展得比较成熟，标准化水平比较高等优点成为车联通信领域使用范围最广的无线通信技术。

DSRC 泛指所有短距离无线通信技术，主要由短程通信协议、路侧单元、车载单元三部分构成，网络频段在 5.8～5.9GHz。事实上，早在 1999 年，美国联邦通信委员会就为车联通信划拨了专门的网络频段，即 5.9GHz 频段（5.875～5.925GHz）。

根据美国的 DSRC 标准，DSRC 通信协议上下两层分别采用 IEEE 1609 协议和 IEEE 802.11p 协议。其中，IEEE 1609 协议建立在 IEEE 802.11p 协议的基础之上，可以看作 IEEE 802.11p 协议的升级，主要用于资源管理、信息加密、网络服务、通道协调、应用程序管理等场景；IEEE 802.11p 是以 IEEE 802.11 为基础设计的一个通信标准，对信息传输机制进行了修正，提高了网络的安全性，支持用户进行身份认证以及高速移动互联，可以满足 V2X 车联网对数据传输速率的需求以及车辆在高速移动状态下的通信需求。

美国、日本以及欧洲各国研究 DSRC 多年，并在很多国家级项目中使用了 DSRC，包括美国发布的 IntelliDrive 项目、欧盟发布的车路合作系统（CVIS）项目等。除此之外，美国电气与电子工程师协会、欧洲电信化标准协会等都围绕 DSRC 制定了通信标准，相关企业也都开发了相应的产品，DSRC 应用进入了相对成熟的阶段。

目前，世界各国的汽车制造厂商都在着力研究自动驾驶汽车，努力提升自动驾驶等级。对于高等级的自动驾驶汽车来说，融合了多种技术的感知系统是关键，该系统的性能对自动驾驶汽车的发展进程有着直接影响，还会影响到自动驾驶的安全等级评价、测试方法、产品标准等与自动驾驶产业密切相关的因素，并在一定程度上对驾驶人的管理以及交通规则的制定等产生影响。

1.3 感知系统测试技术与方法

近些年来，大数据、大模型、大算力推动着人工智能高速发展，也带动了智能网联汽车的繁荣，自动驾驶系统得到了越来越广泛的应用，开始在无人机、自动物流机器人等诸多领域崭露头角。由于其通常适用于涉及生命安全的场景，所以自动驾驶系统的安全问题一直以来备受关注。作为这一系统的核心，感知组件仍存有未被攻克的软件缺陷，这可能带来极为严重的后果，况且由软件缺陷造成的自动驾驶汽车伤人事件并非没有先例。

为提升自动驾驶系统的安全性，学术界和工业界很重视自动驾驶系统测试技术的发展，并提出了仿真测试、实车测试等技术，但由于自动驾驶系统运行环境的不同以及输入数据类型较为特殊等原因，这些技术真正被应用时风险较大且消耗资源过多。在这种情况下，提升感知组件的质量就显得愈加重要。感知系统主要用来帮助车辆分析和理解车内外的交通信息，构成较为复杂，需对待测系统进行充分检验，才能保证其在多变的交通环境中的安全性与可靠性。目前针对感知系统的测试方法主要有以下三类（如图1-8所示），这些测试方法主要依靠数据进行测试。

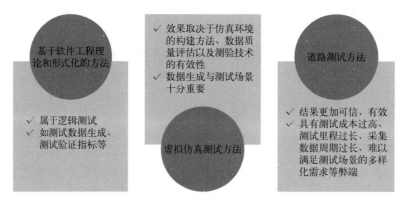

图1-8　针对感知系统的测试方法

（1）基于软件工程理论和形式化的方法

该测试方法基于自动驾驶系统特征及其感知运行机理，属于逻辑测试，能够在系统开发早期检测到感知组件的缺陷，用以确保系统迭代中模型算法的有效性。研发人员据此测试方法与技术，如测试数据生成、测试验证指标等。

（2）虚拟仿真测试方法

该方法通过利用计算机对真实的交通系统进行抽象描述，进而完成测试。这种测试方法的效果好坏取决于仿真环境的构建方法、数据质量评估以及测验技术的有效性。在构建驾驶环境和搭建场景模型时需要训练以及测验大批量的交通场景数据。

交通场景及其数据构造生成这项技术已经获得了世界范围内的广泛研究，不少研究人员在这一技术上深入探索，采用多种方法对虚拟测试场景数据进行构建，例如游戏模型渲染、仿真引擎生成以及数据变异等。通过以上方法得到优质的测试数据，并将其应用在自动驾驶模型中，同时以此来扩充与增强数据。

在虚拟仿真测试方法中，数据生成与测试场景是十分重要的。测试场景足够多才能拥有更多的测试样本，一些极端、特殊的交通场景也要生成测试样本，测试系统根据这些极端情况确定边界，从而判断输出模型的安全性。

（3）道路测试方法

该测试方法主要指在真实的环境下利用真实的自动驾驶汽车进行开放道路测试或者封闭场地测试。由于环境的真实性，这类方法的结果更加可信、有效。不过这类方法弊端也较多，比如测试成本过高、测试里程过长、采集数据周期过长、难以满足测试场景的多样化需求等。即使道路测试方法存在以上诸多缺点,但是不得不承认的是它在感知系统的测试中是极为重要的,是传统汽车测试不可或缺的环节。目前这一测试的相关交通场景数据样本获取较为困难且数据来源单一、多样性不足,不能很好地满足相关测试要求,未来还需在这一问题的研究上多下功夫。

自动驾驶测试通常分为模型在环测试、软件在环测试、硬件在环测试、整车在环测试等。车辆感知系统依据汽车的开发生命周期不同,测试类型和测试内容也并不相同。

在车辆感知系统的开发阶段会对各测试对象结合不同的测试技术完成不同类型的测试。感知系统的数据信息主要源于图像、激光雷达和融合感知系统,因此相关测试即为图像系统测试、激光雷达系统测试和融合感知系统测试,如图1-9所示。

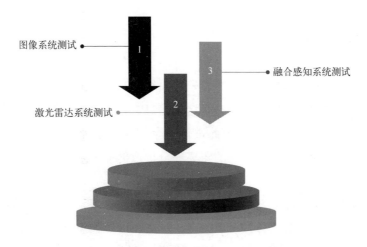

图1-9 车辆感知系统开发阶段的三类测试

1.3.1 图像系统测试

我们先介绍图像系统测试。图像系统所采集到的数据可以清晰呈现汽车行驶中车辆周围的环境信息,辅助自动驾驶系统完成目标识别与追踪、自动变道分析等任务,是感知系统非常关键的输入数据之一。多类型摄像头采集到的图像数据格式多样,有景深图像、RGB图像以及语义图像等。不同的图像格式,其存储特点各异,景深图像具有较多的场景深度信息;RGB图像具有较多的色彩信息;语义图像则更利于识别目标、进行追踪。

这种基于图像的感知系统测试需要依靠大量的交通场景图像来训练与验证。可是如前文中谈到的那样，真实道路的数据采集可谓困难重重，不仅周期长、成本高，标注质量也无法保证，受到数据来源单一等影响，很难满足测试要求。

在"虚拟仿真测试方法"这部分我们曾介绍过游戏模型渲染等方法来构建虚拟测试场景数据，还有一种生成测试图像的方法是通过数学变换和图像处理技术将原始图像变异，以此来测试自动驾驶系统在各类环境里可能出现的错误行为，即图像硬编码变换方法。举例来讲，通过对抗生成网络法来变换图像风格，以此来模拟某一环境下汽车的行驶场景；通过三维立体模型来建构交通场景，之后将其渲染成平面图像输入感知系统。

除此之外，通过合成方式也能生成测试图像，可以在低维图像子空间选取能被修改的内容来合成图像。这种方法较之前者合成的场景更多，还可以更自由地进行图像扰动操作。

1.3.2　激光雷达系统测试

自动驾驶系统属于典型的复杂智能软件系统，其重要的信息输入之一便是激光雷达获取的车辆周围的环境信息，有了这些信息，自动驾驶系统中的感知组件才能进行判断，再由系统规划控制，由此进行安全驾驶。激光雷达作为该系统的传感器，可以测定其本身与待测物之间的距离并分析反射能量大小、频率以及相位等信息，作用不可小觑。

激光雷达在目标检测以及定位建图等任务中作用显著，它采集到的点云数据可以精准描述驾驶场景中各物体的反射强度、三维尺度等信息，有效弥补了摄像头在数据精度以及数据形式上的不足。不过手动收集并标注点云数据这项工作成本高、效率低，而且点云数据本身明显的颜色信息较少且无序、易受天气影响、信号易减弱，这些特点造成该数据的多样性在测试中变得十分重要。

目前对于激光雷达的测试尚处于初级阶段。虚拟仿真测试以及实车测试的成本过高、效率较低，而且不能保证测试的充分性。当下自动驾驶系统测试面临着诸多问题，如测试成本过高、软件系统庞杂等，这时新的测试数据生成技术的出现是该领域所期盼的，将对自动驾驶系统的安全保障产生积极影响。

针对激光雷达的点云数据生成，可以利用生成对抗网络对其建模，进而分析模拟数据特征生成新的点云数据；也可以通过标注物体变异对点云数据进行处理来获得新数据，这一方法可以有效提升点云数据处理模块处理数据的精确度。

点云数据的生成还会受到诸多环境因素的影响，前文中曾谈到过点云数据无序、易受天气因素影响等诸多弱点，所以生成数据的可靠性与路测数据是无法等同的。事实上，时下关于环境因素影响点云数据生成的研究数量还比较少，不过我们不得不承认的是自动驾驶系统作为信息-物理的融合系统，自身的运行状态除了受输入信息以及软件系统内部状态影响，势必也会受到物理环境影响。所以在这种情况下，怎样做到自动生成可以描绘各种真实环境因素的点云数据成为亟须解决的问题。

此外，还有一项激光雷达研究领域将要面临的挑战，就是如何利用点云数据与人工智能模型更好地完成特定任务。人工智能模型对于自动驾驶系统影响较大，可以影响其检测识别、路径规划等功能。目前点云数据处理经常使用的是目标检测模型，虽然这一技术在应用中的精确度较高，但是其结果缺乏可解释性，给测试的充分性评估造成了阻碍，未来还需进行深入探索。

1.3.3 融合感知系统测试

为了充分感知车辆周围的环境信息，通常情况下自动驾驶系统都会搭载多种传感器，同时配合各种软件及算法完成不同的驾驶任务。其中的各传感器物理特性不同，应用场景亦不同。融合感知系统的出现消除了以往单一传感器适用性差的弊端，可以使多个传感器协调配合确保车辆可以在不同场景中安全行驶。

融合感知技术中要面对的关键问题就是结合各传感器，各模态数据的优势，进而获取更加丰富的语义信息。不同的传感器因记录信息方式不同而具有较强的互补性，这时就需要注意二者间的融合。举例来讲，摄像头可以采集高分辨率的图像数据，视觉信息也很丰富，且安装成本低，不过摄像头对光线敏感，在夜晚等环境中效果较差，在这一方面激光雷达可以很好地与其形成互补，无论白天和夜晚它都能完成精准的三维感知。但激光雷达也有其弊端，即成本高昂，难以识别无明显形状的物体。

融合感知技术因其较高的准确度逐渐成为该领域研究的热点，它所展示出的巨大潜力也受到了较大关注。不过这项基于深度学习的技术在复杂环境的真实场景中依然存有表现极端行为的概率，由此造成致命伤害，所以要对这类模型进行完备的测试方能保证自动驾驶系统的安全性。

相关研究人员可以设计一套适合融合感知系统的数据扩增技术来应对真实场景中复杂环境对传感器的影响。同时还需要相关学者为其制定具有现实语义的变异规则来自动生成测试数据，进而模拟复杂环境中对传感器产生干扰的各因素，协同各方来帮助研发人员测评该系统。这一方法所用到的变异算子有以下三类，分别用来模拟不同种类的干扰。

① 信号噪声算子。采集的数据因受环境影响而存在噪声，就图像数据而言，可用模糊、光斑等算子来模拟摄像头抖动或遇到强光时的情况。

② 信号对齐算子。模拟多模态数据模态没有对齐的状况，例如空间未对齐可以通过微调传感器参数来进行，模拟车辆行驶时因车辆抖动而造成的传感器位置的微小变化；时间未对齐则可以通过延后一路信号来实现。

③ 信号丢失算子。主要用于模拟传感器失灵的情况，可通过丢弃一路信号来进行模拟，由此观察融合系统能否正常工作或做出相应反应。

综上所述，融合感知系统在自动驾驶领域的广泛应用是智能网联汽车未来发展的总体趋势，完备的测试是确保其正常安全工作的基本前提，当下的主要问题是如何才能在有限的资源内完成充分的测试。

目前自动驾驶系统的软件研发与感知系统的测试密切相连，各种在环测试得到越来越多的关注，开始逐步成为自动驾驶系统质量保证的组成部分。实际道路测试因其成本高、效率低等弊端无法满足感知系统的测试需求，所以在一些工业应用中无法使用。好在仿真测试等多个分支研究领域的迅速发展为感知系统完善测试提供了新方向，相关研究人员正进一步探索与研究，为仿真测试方法提供更有力的技术支撑。

第 2 章
车载传感器技术

2.1 车载摄像头

2.1.1 车载摄像头原理与分类

车载摄像头作为高级驾驶辅助系统和智能网联汽车领域的关键传感装置,具有"自动驾驶之眼"的美称。车辆可以凭借摄像头和传感器实时采集图像信息,进行全方位立体的视觉感知,在物体识别等功能上优于雷达,是与人的视觉效果最为相近的传感器。

(1) 车载摄像头工作原理

车载摄像头零部件示意图如图 2-1 所示。车载摄像头主要的工作流程是:光线通过物体反射进入镜头图像传感器中,图像传感器会将光信号转化为图像信号,之后将其传输给相应的处理器进行图像滤波与加强,同时运用串行器把处理完成的图像信息串行化,然后将其传递至域控制器。

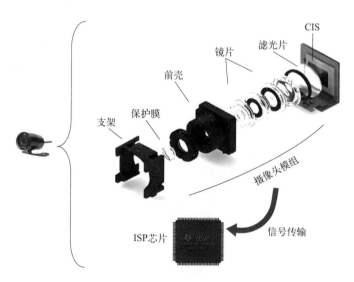

图 2-1 车载摄像头零部件示意图

图像感知是发展最为成熟的感知技术,相关传感器产品具有集成度高、分辨率高、体积小、功耗低、传递信息丰富、成本低等优点,被广泛应用于自动化生产、通信、IT 等领域。其原理是通过电荷耦合器件 CCD(charge coupled device)、互补金属氧化物半导体 CMOS(complementary metal oxide semiconductor)等光电传感器件将光信号转化为电信号,从而识别近距离的物体信息。

目前,摄像头图像感知作为高级驾驶辅助系统(advanced driving assistance system, ADAS)的最主要感知方式,其算法模型不断优化,应对各种复杂场景的能力不断增强。但该传感器也存在不足,它对光线的依赖度较高,在夜间、强光、大雾等环境中作用有限,且难以识别远距离物体,感知精度不及雷达。

随着汽车驾驶自动化、智能化程度的提高,ADAS 功能模块得到了越来越广泛的应用。而其发挥作用的基础——环境感知,是依托各类传感器实现的。目前市场中运用较多的传感器主要有激光雷达、毫米波雷达、摄像头等三种类型,厂商通常根据车辆运行的感知需求,搭载不同类型的传感器,形成优势互补,并通过感知信息融合算法对海量感知数据进行处理,最终输出指导车辆安全运行的指令。

(2)车载摄像头分类

可以从不同维度对车载摄像头进行分类,如图 2-2 所示。

车载摄像头		
按摄像头安装部位分类	按镜头数目分类	按照算法功能分类
内置摄像头	单目摄像头	具备算法功能
前视摄像头		
后视摄像头	双目摄像头	
环视摄像头		不具备算法功能
侧视摄像头	多目摄像头	

图 2-2 车载摄像头分类

① 按照车载摄像头安装部位的不同,可以将其分为以下五类:
- 内置摄像头:通常安装于车辆的中控台上,朝向驾驶人员脸部位置,主要用来监测驾驶者在驾驶过程中的状态变化,在必要时进行疲劳预警。
- 前视摄像头:通常处于车辆前挡风玻璃靠上的位置,用来识别目标以及测量速度与距离,按照功能进行划分有前视广角摄像头、前视长焦摄像头和前视主摄像头。
- 后视摄像头:通常安装在车辆的后备箱处,用于辅助泊车,一般探测距离约为 50m,视场角为 130°左右。
- 环视摄像头:通常安装在车身周围,需要 6 个左右的鱼眼镜头,按照位置可以分为前向、后向、左侧、右侧鱼眼镜头,能够做到 360°视觉感知,可以进行目标检测以及发挥辅助泊车功能。

- 侧视摄像头：安装在车辆两侧的中间，目的是方便检测侧向来车以及经过的行人，通常探测距离约为80m，视场角为100°左右。

② 按照摄像头的镜头数目进行划分，可将其分为以下三类：

- 单目摄像头：多用于前视摄像头，依靠其采集图像信息从而得到距离数据信息。
- 双目摄像头：利用两个镜头采集图像信息，按照两个图像的视差进行测距，测量更为精准，准确度高，成本支出较大，主要应用于一些高端车型上。
- 多目摄像头：采用多个镜头来采集图像信息，从而提高对车辆周围场景的覆盖率，可以更加准确识别物体与分析环境。当前应用还不广泛，仅限于某些厂商的个别车型中。

根据目前的使用情况来看，单目摄像头的使用最为广泛，它可以与超声波或毫米波雷达相结合，满足L3以下级别的要求，其成本也不高，一般车型都可以负担。

③ 按照摄像头算法功能的有无进行划分。有些车载摄像头具有算法功能，可以进行视觉处理，例如宝马X5搭载的S-Cam4三目摄像头；有些车载摄像头不具备计算能力，只负责采集图像，例如特斯拉的三目摄像头，这类摄像头相对于具备算法功能的摄像头，成本要低一半还多。

（3）车载摄像头工艺

车载摄像头不仅对工艺性能的要求很高，对安全性也有较高要求，如图2-3所示。因为其不同于手机摄像头和工业摄像头，它要能适用于各类复杂的工况，例如高温、潮湿、严寒以及强弱光线和振动等，且需要在此类条件下正常稳定工作。通常情况下，大部分车企都会与技术较为成熟、品质更具保障的零部件供应商合作，这样安全性更高。不过这些零部件厂商想要进入市场并非易事，该行业具有较高的行业壁垒，要经过较长时间段的资质认证。

图2-3 车载摄像头的安全性要求

除行业壁垒外,车载摄像头也面临较高的技术壁垒。虽然车载摄像头对于像素的要求不高,通常在 30 万~ 120 万像素之间,但它对视角的角度和范围的要求很高,后视和环视通常需要 135°以上的广角镜头,前视摄像头一般在 40°~ 70°之间。

车载摄像头的关键参数主要包括 5 个方面,如图 2-4 所示。

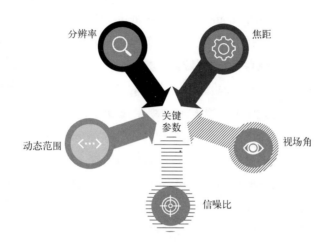

图 2-4　车载摄像头的关键参数

① 分辨率。单位面积上的像素数愈多,分辨率愈高,画面也会愈加清晰。

② 焦距。亦称焦长,指镜头的光学中心到相机传感器的距离,焦距越大,取景范围越大。

③ 视场角。亦称视场,指的是传感器所能拍摄到的视野范围,视场角愈大,视野愈加广阔。

④ 信噪比。指信号与噪声两者功率之间的比值,比值越高说明混在信号里的杂波越小,图像质量越高。

⑤ 动态范围。是摄像机的单帧画面内,最亮与最暗影调之间的范围,动态范围愈大,图像所表现的层次就愈加丰富,呈现的色彩空间就愈加广阔。

2.1.2　车载摄像头的部件构成

车载摄像头的构成部件有数字信号处理技术(digital signal processing,DSP)芯片、镜头组以及接触式图像传感器(contact image sensor,CIS)。通常情况下,图像传感器和镜头组会在同一模块中,共同构成镜头模组,之后与 DSP/ISP 等芯片组合构成整体的摄像头系统。

按照构成成本分析，在构成车载摄像头的众多组件中，包括镜头组、模组封装、CIS、音圈马达以及红外滤光片等，最贵的组件是 CIS，要占据总成本的 50%，剩余部分模组封装占比 25%，镜头组占比 14%。

（1）CIS

CIS 主要运用于三类场景：其一是倒车影像、行车记录仪和全景影像等场景；其二为驾驶员监控系统（driver monitoring system，DMS）等车内应用；其三是自动驾驶以及高级驾驶辅助系统等场景。日后智能网联汽车的核心竞争力会主要集中于自动驾驶与高级驾驶辅助系统等领域。

不同于工业和手机等行业的传感器，车载 CIS 对性能的需求更为多样化。据了解，手机以及工业的 CIS 偏向关注人眼的视觉感受，而汽车领域更加注重机器视觉，也就是说车载 CIS 对可靠性、安全性以及图像参数等都有着更为严苛的要求。

按照曝光方式的差异，CIS 可以分为全局快门和卷帘快门两种。

① 全局快门（global shutter）是指整个图像的所有像素都在同一时间曝光，在此期间，快门将在曝光完成时启动，用以终止曝光过程，该帧图像读取完成后，曝光会再次重启。全局快门相比于卷帘快门噪声较大，但它是目前最适合高速摄影的快门方式。不过在智能网联汽车领域，时下应用较为普遍的还是卷帘快门 CIS。

② 卷帘快门（rolling shutter）是感光元件上的感光小单元逐行或逐列曝光实现的。与全局快门相比，卷帘快门的长处是低噪声成像以及感光度好，但曝光时间稍长，所以当拍摄距离较近或拍摄对象位移较快时会产生图形畸变、图像模糊，或者出现尾影等情况。卷帘快门更适合拍摄距离较远的静止对象或者移动速度较慢的对象。

综上所述，车载 CIS 技术要求线性调频信号（linear frequency modulated，LFM）、高动态光照渲染（high dynamic range，HDR）以及低照度等。随着自动驾驶系统和高级驾驶辅助系统的迅速发展，车载 CIS 的像素也在不断向高阶发展，正由之前的 100 万像素朝着 300 万、800 万像素的目标迈进。

（2）光学镜头

光学镜头中的滤光片、光学镜片等器件对摄像头成像的清晰与否至关重要，通常来讲，光学镜片有两种材质，分别是塑胶和玻璃。塑胶镜片透光较差，容易受热膨胀，但成本较低；玻璃镜片虽然成本高一些，但是透光性好，受热不易膨胀。

考虑到车载环境的温度变化较大，且温度会对镜片产生影响，所以热膨胀系数低的玻璃镜片更符合车载镜头的要求。受成本影响，部分厂商会将塑胶与玻璃两种材质进行混合，生产出成本与性能俱佳的混合镜头，也有厂商运用特殊的塑胶材料以及镀膜工艺，完善其塑胶镜片，使其更加可靠，从而制作出符合车载要求的塑胶镜头。

(3) 模组封装

起初车载摄像头要求并不十分严苛，对于像素与规格的要求也不高，那时一级供应商一般都使用比较低级的球栅阵列封装（ball grid array package，BGA）技术。后来高级驾驶辅助系统飞速发展，技术不断更新迭代，车载摄像头也开始逐步朝着高像素、小型化方向发展，其封装技术也变得复杂化，开始使用板上芯片封装（chip on board，COB）技术。

封装技术的转变必然会带来产线的更新，但升级产线会增加成本，一级供应商普遍认为软件利润高于硬件，于是其减少了对摄像头硬件的投资。自此模组封装这一步骤开始移至镜头厂，一些镜头厂商接下了这道工序，并开始向主机厂提供摄像头模组。

以往的车载摄像头模组市场是以法雷奥、松下以及大陆等一级供应商为主导的，近几年国内的镜头厂（联创、舜宇等）相继崛起，模组封装产业技术也在不断变革、升级，未来该行业格局势必发生改变，一级供应商的主导位置将逐渐被镜头厂商所替代。

2.1.3 车载摄像头的玩家群像

车载摄像头作为安装在车辆上的光学镜头，是车载摄像机的重要组成部分，主要用在倒车影像、全景影像以及行车记录仪等方面。目前汽车网联化、智能化发展势头迅猛，车载摄像头也开始广泛应用于车辆各个位置，产业技术趋于成熟，该领域进入了快速发展时期。

总体而言，车载摄像头产业链可分为上游、中游和下游，如图2-5所示。上游主要指其构成，有DSP/ISP芯片、镜头组、胶合材料等；中游主要是其分类，分为前视、后视、环视、侧视摄像头以及内置摄像头等；下游主要指其应用，作为部件应用于智能网联汽车领域。

下面将对车载摄像头领域具有代表性的企业做简要介绍。

(1) 舜宇光学

舜宇光学自2004年进入该领域，成绩一直遥遥领先，始终位于市场的榜首。据统计，2021年其车载镜头出货数量相较于前一年增长约20%，高达6700万余件。同年，舜宇光学研发了200万像素和300万像素的玻塑混合镜头，用于高级驾驶辅助系统，也在这一年，舜宇光学达成了量产全塑料后视镜头的目标。目前舜宇光学的多款800万像素高级驾驶辅助系统车载镜头已完成认证，获取了多个平台化项目，且这些项目都已达成量产。舜宇光学的客户目前都是一级供应商，譬如法雷奥、大陆、博世等。此外，它还与算法厂商取得了合作，譬如 Mobileye 等。

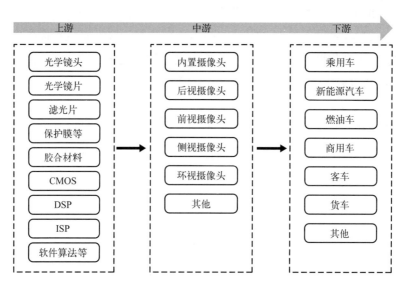

图 2-5　车载摄像头产业链

（2）联创电子

联创自 2009 年开始触及手机玻璃镜头领域，从 2021 年开始进入高清广角运动相机镜头产业，自此与大疆、GoPro 展开深度合作，2015 年完成了车规级镜头认证，2016 年开始与特斯拉合作，成为其供应商，之后又认证成为 Mobileye 等的优质客户。联创是较早接触 8M 车载摄像头的企业。2020 年，联创成为蔚来 ET7 的供应商，主要提供已通过 Mobileye 认证的自研 8M ADAS 摄像头模组。

（3）安森美

安森美的发展源自 2011 年至 2014 年对柯达图像传感器业务部 Truesense Imaging 和 Aptina Imaging 的收购，这三年间的三次收购使得安森美得到了众多专利与技术。安森美的 CIS 产品主攻汽车与工业领域，其主要占据的是 2M 及以下的市场份额。近年来安森美也在寻求突破与创新，曾于 2017 年推出了 AR0820AT，是国际上第一款 800 万像素的车载 CIS。

（4）三星

三星自 2013 年起开始在 CIS 领域发起攻势，于 2018 年进入车载 CIS 领域，第一次推出了适用于汽车的 ISOCELL。互补金属氧化物半导体（complementary metal oxide semiconductor，CMOS）工艺与动态随机存取存储器（dynamic random access memory，DRAM）工艺二者具有相似之处，这一点是三星在 CIS 领域的有利条件，当前对 CIS 像素要求愈加严格，集成 DRAM 的 CIS 有望成为主流。三星作为国际上知名的 DRAM 制造商，其 DRAM 的生长线就是它进入 CIS 的最佳武器。2021 年三星推出了车载专用的 ISOCELL Auto 4AC，因其验证周期较长，具体表现尚不明晰。

（5）索尼

索尼于 2014 年开始进军车载 CIS 市场，发布了 IMX224MQV 传感器，相较于安森美与豪威，索尼的关注点更多在智能手机 CIS 领域。在此前的十余年时间里，索尼在智能手机 CIS 领域风生水起。随着智能手机领域红利期的流逝，索尼开始逐步转向，依靠 VISION-S 原型车开始转型，于 2020 年进军车载 CIS 领域，其 IMX324 车载 CMOS 已经在一些车型中得到应用，现阶段致力于在 800 万像素车载 CIS 方面取得新的进展。

（6）思特威

思特威于 2020 年收购了深圳安芯微电子，加速了其在汽车电子领域的布局。近年来思特威开始进军车载 CIS 领域，成立了车载芯片部。现阶段，思特威根据应用场景的不同推出了多样化的产品，已有 9 款图像传感器实现量产，接下来还会继续发布 8 个新款车载产品。思特威近期推出的 800 万像素的 SC800AT 运用了 NIR+ 技术，量子效率极高，可以有效进行低照度摄像。

2.1.4 车载摄像头的技术趋势

为迎合智能网联汽车发展的需要，车载摄像头相关技术的发展趋势如图 2-6 所示。

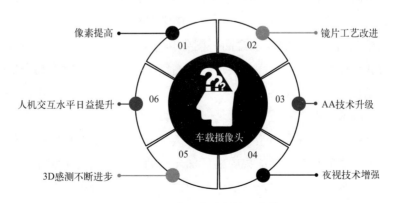

图 2-6　车载摄像头的技术趋势

(1）像素提高

车载摄像头的分辨率尤为关键,分辨率的好坏对摄像头的感知具有较大影响。目前,高级驾驶辅助系统对感知距离的要求不断提高,对感知内容的要求也更为细化,对高分辨率的镜头的需求也更为紧迫。对一些新能源汽车厂商而言,120万～200万的像素已不能满足其需求,开始逐步采用800万像素的车载摄像头。

车载摄像头应该具有热膨胀系数低且可靠性高、耐用性强的特质。前文中曾谈到车载摄像头的材质主要有两种,即塑料与玻璃。塑料镜片的热稳定性差,透光性也不好,而且遇到恶劣的外部环境时可能产生畸变,成像效果差,其优势在于低廉的成本。玻璃镜片透光率好,且耐用性强,可以经受住高温、湿热、严寒等环境的考验,所以很多高端车型的车载镜头使用的都是玻璃镜片。受到成本因素的影响,很多厂商开始研发并使用玻塑混合材质作为大部分车载镜头的方案。

(2）镜片工艺改进

与平面镜片不同,球面镜片会产生像差,这是由于其中部反射的光线与轮廓反射的光线焦点不同,所以成像会比较模糊。要解决这个问题需要多个镜片进行组合来缩小像差。

非球面镜片可以有效解决像差问题。它是由曲面构成的镜片,依靠调整镜片的曲率,使光线焦点一致,通过一个曲面镜片就避免了出现像差,不仅小巧、轻便,而且成像清晰,已逐渐成为高像素车载镜头的首选。

非球面镜片也分为塑料和玻璃两种材质,塑料的主要运用注塑工艺,玻璃的则选用光学玻璃,通过热压模工艺实现生产。

(3）AA 技术升级

车载镜头组装要使用主动对位（active alignment,AA）技术。一般情况下摄像头模组封装的装配要分多次进行,在这个过程中要尽量避免误差。AA 技术可以有效解决误差问题,它可以灵活调整图像传感器与镜头的相对位置,实时分析成像信息,从而适时调整镜头角度等,确保成像清晰完整。

车载摄像头对分辨率的要求愈高,图像传感器和镜头之间的定位精度要求愈高,这也对 AA 技术提出了更高的要求。越高级别的 AA 技术越有助于组件的公差修正,进而提升成像效果及品质。

(4）夜视技术增强

为确保行驶安全,高级驾驶辅助系统要尽可能做到 24 小时运行。车载摄像头主要是凭借感光能力和算法功能来感知外部环境的,所以如果车辆在夜间行驶或者经过桥洞、隧道等路况时,需提高摄像头的夜视能力。现阶段汽车的夜视系统根据镜头和成像原理可分为以下三种。

① 远红外夜视：亦称被动红外夜视技术，通过物体发出的红外辐射成像，即热成像。

② 近红外夜视：亦称主动红外夜视技术，是指采用红外发射源照射目标，通过目标反射的红外辐射来成像，主要利用的是波段为 800～1000nm 的近红外光。

③ 微光夜视：经过放大之后采集到较少的可见光，之后把采集到的图像进行投屏。微光的成像原理与普通摄像头相同，利用可见光进行成像，但前提是具备一定的可见光环境。

（5）3D 感测不断进步

目前智能网联汽车的发展逐渐深入，要求车载摄像头要具有迅速的感知能力以及精细判断车联外部环境条件的能力，因此需要车载摄像头同步完成景深测量和相关信息的判断分析。在这种情况下大力发展 TOF 技术以及结构光等成为诸多镜头厂商的共识。

当前 3D 感测器主要运用在车内，例如用于驾驶员监控系统中，它可以识别面部进而判断驾驶人员身份，然后按照用户以往的相关需求进行灵活调整，还可以据此进行防盗监控。

（6）人机交互水平日益提升

车辆内部的人机交互主要指内置摄像头对手势、人脸的识别以及对注意力和疲劳的监测等。当前智能网联汽车发展势头正劲，下一步该领域对人机交互水平的要求也将进一步提升。

2.2 激光雷达

2.2.1 激光雷达的原理与应用

近年来，科学技术飞速发展，人们在出行方面的要求也不断提高，智能网联汽车逐渐成为人们出行所需的重要交通工具，同时也是汽车行业的发展方向。智能网联汽车具有舒适度高、便捷度高、安全性强、高效性强、节能环保等特点，且能够凭借自身强大的感知能力、决策能力和执行能力来精准感知和理解周边环境信息，提高驾驶的自动化和智能化程度，为驾乘人员的出行提供方便。

（1）激光雷达的定义

激光雷达也被称为光学雷达（light detection and ranging，LiDAR），主要由激

光发射部分、激光接收部分和激光处理部分组成，能够测量激光发射部分与目标之间的距离，接收目标反射激光，获取反射能量大小、反射波谱幅度以及频率和相位等信息，并据此精准计算出目标的三维结构信息。

激光雷达是一种先进的感知技术，能够发射和接收激光脉冲，并借助激光束来测量目标与自身的时间差和相位差，并据此计算出目标的位置、速度和形状，进而达到掌握目标信息的目的。

激光雷达在智能网联汽车中的应用有助于车辆感知外部环境，实现自动驾驶。现阶段，全球范围内已有多家汽车企业将激光雷达应用到智能网联汽车当中，借助激光雷达技术来推动汽车驾驶走向自动化，并取得了良好的应用效果。

（2）激光雷达的工作原理

激光雷达中装配了激光发射器、激光接收器和惯性定位导航，能够发射激光并利用互补金属半导体氧化物（complementary metal oxide semiconductor，CMOS）传感器接收目标反射的激光，根据反射激光信息测量出目标与自身之间的距离。

激光雷达的工作原理是先发射激光束扫描周围的环境或目标对象，再根据扫描对象的反射信号计算目标距离，同时可以将反射信号转化为电信号，结合相关算法生成三维点云图像，通过对点云数据的处理和分析，获取扫描对象的位置、形状和大小等信息，如图2-7所示。其中，测距方法包括飞行时间（time of flight，ToF）和调频连续波（frequency modulated continuous wave，FMCW）两种。

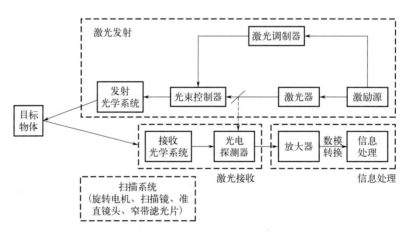

图2-7 激光雷达的工作原理

激光雷达在抗干扰、测量精度、测量范围、稳定性等方面的优势预示着它在自动驾驶领域具有良好的应用前景，但不足之处在于技术难度较大，全天候性能低于微波雷达。近年来，移动激光雷达（mobile lidar）有了较大进步，其设备变得更为轻巧，容易携带且使用便捷。从雷达测绘领域来看，不同类型的激光雷达在垂直视场角、测量范围、精度值等方面都各具优势，但总体来看，减少人工干预、提高点密度、优化机器学习算法是其主要发展趋势。

（3）激光雷达的应用场景

激光雷达是一种测距传感器，能够利用激光束来获取高精度、高分辨率、高稳定性的三维点云数据，并通过对这些数据的分析和计算来达到掌握周边环境信息的目的。智能网联汽车在实现自动驾驶的过程中也需要应用激光雷达，具体来说，激光雷达在汽车领域主要有以下几类应用场景。

① 高速公路场景。智能网联汽车在高速公路上行驶时可以利用远程激光雷达采集前方车辆、障碍物、道路标志等信息，并在此基础上根据实际情况进行自适应巡航、车道保持、换道和超车等操作，实现自动驾驶。具体来说，装配在智能网联汽车中的远程激光雷达的探测距离高达 200m，视场角通常在 30°左右。

② 城市道路场景。智能网联汽车在城市道路上行驶时可以利用中程激光雷达来感知周边环境中的行人、自行车、摩托车等交通参与者，以便掌握交通状况，实现对红绿灯和交通标志的有效识别，并精准避让行人和障碍物，确保自动驾驶的安全性和稳定性。具体来说，装配在智能网联汽车中的中程激光雷达的探测距离约为 100m，视场角通常在 60°左右。

③ 停车场景。智能网联汽车在进入停车场、地下车库等较为狭小的空间中时，可以利用近程激光雷达来获取周围环境中墙壁、柱子和停车位的位置信息，并通过对这些信息的分析来自动完成精准泊入、泊出、寻找空余车位等操作。具体来说，装配在智能网联汽车中的近程激光雷达的探测距离仅为 10m 左右，视场角通常在 120°左右。

2.2.2 激光雷达的类型与特点

现阶段，市场中的激光雷达种类十分丰富。从驱动方式上来看，激光雷达可分为机械式、固态混合式（micro electro mechanical system，MEMS）、光学相控阵式（optical parametric amplification，OPA）和泛光面阵式四种类型，如图 2-8 所示。

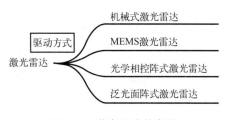

图 2-8　激光雷达的类型

（1）机械式激光雷达

Velodyne 推出的 64 线雷达是一种机械式雷达，该雷达能够通过以 20r/min 的速度旋转的方式将激光点变成线，并利用垂直叠加的 64 个激光器将线进一步转化成面，进而形成点云数据，并提供三维的环境信息。

但机械式结构具有复杂度高的特点，且需要在实现精准定位安装的前提下进行点云测量。一般来说，受环境和老化等因素的影响，机械式结构的平均失效时间为 1000~3000h，远远低于车商所要求的 13000h，不仅如此，装配在车辆顶部的雷达也为洗车等车辆养护工作带来了不便，因此机械式结构难以实现大规模推广应用。

（2）MEMS 激光雷达

MEMS（micro electro mechanical systems）激光雷达可以借助微电子机械系统相关技术手段来控制旋镜将激光束分别朝多个方向反射。

MEMS 激光雷达具有数据采集效率高、分辨率高、温度适应能力强、振动适应能力强、探测点分布自由度高等优势。在高速公路上，装配有 MEMS 激光雷达的智能网联汽车能够在对车辆前方远处进行扫描的同时对侧面进行稀疏扫描，并在路过十字路口时提高侧面扫描强度，凭借精细化的操作充分保障车辆在运行过程中的安全。

例如，奥迪 A8 在前保险杠处装配的法雷奥 SCALA 激光雷达能够利用 MEMS 技术以 145°的扫描角度对车辆的驾驶场景进行扫描，且探测距离能够达到 80m。

（3）光学相控阵式激光雷达

光学相控阵式（optical phased array，OPA）激光雷达可以通过改变各个缝中入射光线的相位差的方式来调整经过光栅衍射的中央明纹的位置。具体来说，光学相控阵式激光雷达的优点和缺点主要表现在以下几个方面。

① 优点。

- 结构和尺寸：光学相控阵式激光雷达中没有装配旋转部件，因此结构简单，尺寸较小，同时也具有更长的使用寿命和更低的成本。
- 标定：光学相控阵式激光雷达能够利用软件调节位置和角度，具有标定难度低的特点。
- 扫描速度：光学相控阵式激光雷达的扫描速度受所用材料的电子学特性的影响，大多能够达到 MHz 量级。
- 扫描精度：光学相控阵式激光雷达的扫描精度受控制电信号精度的影响，大多能够超过千分之一度量级。
- 可控性：电信号能够在一定范围内控制光学相控阵式激光雷达的光束指向，

并充分确保光束指向的自由度，因此光学相控阵式激光雷达能够利用自身高度可控的优势对重点区域进行高密度扫描。

- 目标监控：光学相控阵式激光雷达中的一个相控阵面包含多个独立控制的小模块，因此能够同时对多个目标进行监控。

② 缺点。

- 扫描角度：光学相控阵式激光雷达虽然可以依据具体需求和应用场景选择合适的扫描角度范围，但其工作角度范围通常设置为 ±60°，以避免检测能力受限、测距精度下降等问题。
- 旁瓣问题：光学相控阵式激光雷达在光栅衍射过程中会形成中央明文和各类其他明纹，当激光功率达到最大值时，因其他明纹形成产生的旁瓣会导致激光能量分散。
- 加工难度：光学相控阵式激光雷达中的阵列单元的尺寸应在半个波长以下，但现阶段的激光雷达工作波长约为 1μm，因此阵列单元的尺寸必须控制在 500nm 以内，与此同时，密度与能量集中程度之间还存在正比例关系，因此光学相控阵式激光雷达在加工精度方面的要求较高，加工难度也比较大。
- 接收面和信噪比：光学相控阵式激光雷达需要使用一整个接收面来接收光束，但同时也会接收到许多环境光噪声，导致扫描解析困难。

（4）泛光面阵式激光雷达

泛光面阵式（FLASH）激光雷达可以短时间直接发射能够广泛覆盖探测区域的激光，并利用灵敏度较高的接收器来绘制周边环境图像。当泛光面阵式激光雷达开始运行时，激光束会开始向不同的方向漫射，此时只需一次快闪就可以将整个场景照亮，系统也可以借助微型传感器阵列来获取各个方向的反射激光。

泛光面阵式激光雷达具有场景记录的整体性强和速度快等优势，能够有效防止由目标移动、激光雷达移动等因素带来的各项问题。就目前来看，泛光面阵式激光雷达大多向两个方向发展，具体来说，一部分采用单光子雪崩二极管（single photon avalanche diode，SPAD）的单光子计数型直接对光子计数生成数字图像，另一部分则利用传统的 CMOS 光强模拟采集来生成强度图，并从强度图中获取距离信息。

2.2.3　激光雷达的零部件构成

激光雷达系统通常由激光器、光学扫描器、光学检测器和导航系统四部分构成，各部分分别有不同的原理、功能和技术指标。

（1）激光器

激光器中装配了专业化程度较高的二极管，能够使用二极管产生不同形式的可见光，并在电磁光谱的光学部分或光学部分周边产生能量，其中不可见的能量就是"辐射"。激光器所发出的能量强度会得到放大，同时所有的能量波会沿相同方向移动，并转化成高度定向的波束，进而实现精准定位。由此可见，激光器能够在各类聚焦需求较高且对精准度要求较高的任务中发挥重要作用。

国际电工委员会（International Electrotechnical Commission，IEC）按照输出功率、波长、脉冲持续时间将激光划分成以下几种类型：

- Category 1 是安全性最高的激光类型，通常包含所有的激光以及激光系统，且无论如何曝光，其光辐射水平都不会超出人眼暴露极限。
- Category 1m 是安全性仅次于 Category 1 的一种激光类型，在观察者使用望远镜光学放大装置直接观察直径 1m 的光束时，无法保障人眼安全。
- Category 2 是一种肉眼可见的激光类型，无法在直射人眼的情况下保障人眼安全。
- Category 3 会在长时间直射人眼时对人眼造成伤害，观察者需要通过眨眼的方式来保护眼睛，但 Category 3 类型的激光并不会伤害到观察者的皮肤，也不会造成火灾。
- Category 4 是强度最高的激光类型，激光表面的脉冲反射较强，存在漫反射风险，存在火灾隐患。

（2）光学扫描器

激光雷达的成像速度直接受外部反射光子进入系统的速度的影响。就目前来看，多面镜、双轴扫描镜和双振荡平面镜等工具是大多数激光雷达常用的仰角和方位角调节工具，这些激光雷达可以通过改变仰角和方位角的方式来进行光学扫描，同时光学扫描器也能直接影响激光雷达的分辨率和检测范围。

（3）光电检测器

光电检测器就是激光雷达中的反射信号读取记录设备。该设备中融合了光电检测技术，能够利用固态检测器（solid state detector，SSD）和光电倍增管（photomultipliers，PMT）来读取和记录反射激光中的信息。

（4）导航系统

为了确保在卫星、飞机等移动平台中所测数据的可用性，激光雷达还需借助导航卫星系统（global navigation satellite system，GNSS）来获取准确的地理位置信息，并利用惯性测量单元（inertial measurement unit，IMU）随时随地记录激光雷达的姿态和转向信息，进而在绝对坐标系中找出激光雷达测量点，以便在多种不同类型的系统中发挥作用。

2.2.4 激光雷达的产业链图谱

激光雷达是智能网联汽车环境感知系统中的重要组成部分。具体来说,激光雷达产业链上游主要包括激光发射、激光接收、扫描系统和信息处理四个组成部分,涉及激光器、扫描镜、探测器、模拟芯片、光学部件和可编程门阵列(field programmable gate array,FPGA)芯片等诸多相关设备的生产和加工商;激光雷达产业链中游主要包括各类集成的激光雷达产品;激光雷达产业链的下游主要涉及自动驾驶汽车、高级驾驶辅助、服务机器人、高精度地图和测绘等领域。激光雷达产业链如图2-9所示。

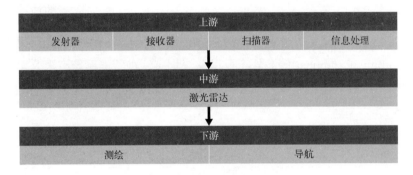

图2-9 激光雷达产业链

(1)产业链上游

从产业链上游的构成上来看,发射器模块主要由分束器、扩散片、准直镜和激光器构成;接收器模块主要由分束器、滤光片、透镜和光电探测器构成;扫描器模块主要由微振镜、扫描镜和电机构成;信息处理模块主要由模数转换器、FPGA和放大器构成。

从激光雷达的核心零部件上来看,处于产业链上游的激光器、扫描器和光电探测器均属于光学组件和电子元件。激光雷达核心零部件拆分如图2-10所示。

① 激光器。激光器具有发射激光的功能,主要有半导体激光器和光纤激光器两大类。其中,半导体激光器又可以根据谐振腔的制造工艺划分成边缘发射激光器(edge emitting laser,EEL)和垂直腔面发射激光器(vertical cavity surface emitting laser,VCSEL)两种类型。

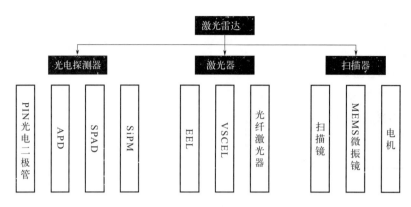

图 2-10 激光雷达核心零部件拆分

现阶段，激光雷达产业中的半导体激光器生产制造厂商主要包括 AMS、OSRAM、Lumentum、HAMAMATSU 等海外企业和山东华芯半导体有限公司、深圳瑞波光电子有限公司、常州纵慧芯光半导体科技有限公司等国内企业。其中，各个海外厂商是生产制造半导体激光器的主力。光纤激光器的生产制造厂商主要包括昂纳、Lumibird 和 Luminar 等海外企业以及深圳市镭神智能系统有限公司等国内企业。具体来说，激光器领域国内外公司如表 2-1 所示。

表2-1 激光器领域的代表企业

公司	产品布局	说明
贰陆集团	高功率半导体激光芯片、器件、模块及直接半导体激光器的生产	国外企业既具备上游激光芯片及激光器的设计、制造能力，又涉足下游广泛业务，综合实力相对较强
朗美通	专业激光器厂商，拥有全球领先的高功率边发射激光器（EEL）技术、垂直腔面发射激光器（VCSEL）技术和光通信激光器技术	
恩耐集团	在激光二极管芯片和光纤耦合封装方面具备一定优势。目前主要产品集中在光纤耦合输出半导体激光器、光纤激光器及光纤等	
IPG 光电	光纤激光器上下游产业链的垂直整合（如半导体激光芯片及泵浦源、增益光纤等）。公司主营产品包括光纤激光器、放大器、可调光束传输元件等	
相干公司	高功率半导体激光元器件、准分子激光器和 CO_2 激光器制造商	
长光华芯	半导体激光芯片、器件及模块等激光行业核心元器件的研发、生产与销售	半导体激光芯片

续表

公司	产品布局	说明
西安立芯（未上市）	半导体激光芯片的研究和生产、半导体激光器的生产、产品涉及巴条、单管、COS	半导体激光芯片
瑞波光电（未上市）	高端大功率半导体激光芯片研发和生产，拥有从半导体激光芯片外延设计、材料、芯片流片，到芯片封装、表征测试等全套核心技术	
纵慧芯光（未上市）	研发生产 VCSEL 芯片、器件及模组等产品	
炬光科技	激光行业上游的高功率半导体激光元器件、激光光学元器件的研发、生产和销售	对外采购高功率半导体激光芯片进行封装生产
凯普林（未上市）	高性能光纤耦合半导体激光器、光纤激光器、超快激光器等产品的开发与市场应用	
星汉激光（未上市）	半导体激光元件、器件封装及工业高功率激光模块/系统研发及制造	
锐科激光	致力于发展全功率、全波长、全脉宽的多类型核心激光光源及多行业解决方案	主要提供光纤激光器或激光设备，分布于产业链中下游，较少涉足上游激光元器件领域
杰普特	公司主营业务为研发、生产和销售激光器以及主要用于集成电路和半导体光电相关器件精密检测及微加工的智能装备	
联赢激光	激光器，激光焊接机、工作台，以及激光焊接自动化成套设备	

② 光电探测器。光电探测器是激光接收系统的重要组成部分，能够将光信号转换为电信号或将电信号转换为光信号，为激光雷达获取信息提供支持。安森美半导体、OSRAM、First Sensor 和 HAMAMATSU 等海外企业是激光雷达产业链中生产制造光电探测器的中坚力量，除此之外，我国的深圳市灵明光子科技有限公司等企业也能够在光电探测器的生产制造方面占据一席之地。

③ 扫描器及光学组件。扫描器及光学组件主要涉及微电子机械系统（MEMS）和光学系统。其中，MEMS 振镜是 MEMS 中的关键部件，其融合了 MEMS 技术，能够高速、动态扫描激光光束。在激光雷达产业链中，英飞凌、ST 和HAMAMTSU 等海外企业是生产制造 MEMS 的主要厂商，腾景科技股份有限公司、中际旭创股份有限公司、苏州天孚光通信股份有限公司、舜宇光学科技（集团）有限公司、宁波永新光学股份有限公司、西安炬光科技股份有限公司等国内企业在光学系统的生产制造环节发挥着重要作用。

（2）产业链中游

就目前来看，在全球激光雷达行业中，海外企业在入行时间方面占据了较大的先发优势，国内企业也在不断提高发展速度，拉近自身与海外企业之间的差距，总体呈现出一种多强的局面。

现阶段，Aeva、Ibeo、Luminar、Innoviz、Velodyne 等海外企业和上海禾赛科技有限公司、深圳市速腾聚创科技有限公司、深圳市镭神智能系统有限公司、北京一径科技有限公司、深圳市览沃科技有限公司等国内企业是激光雷达的主要生产制造商。

在激光雷达产业链中，上海禾赛科技有限公司和深圳市速腾聚创科技有限公司已经发展成我国激光雷达行业的领军企业，其生产制造的激光雷达产品也已远销海外。与此同时，华为技术有限公司和深圳市大疆创新科技有限公司等发展较早的科技公司也不断加快对激光雷达的研究速度，并充分发挥品牌优势，强化自身的市场竞争力。除此之外，深圳市镭神智能系统有限公司和北醒（北京）光子科技有限公司也在快速发展，并逐渐成为激光雷达领域中较为强劲的竞争者。

（3）产业链下游

激光雷达产业链下游主要由测绘和导航两部分构成。其中，测绘包含高精度地图、地形勘测和自然勘测三项内容；导航主要涉及高级驾驶辅助系统（advanced driving assistance system，ADAS）、无人机和机器人。激光雷达产业链下游的各类产品大多存在成本高、体积大等不足之处，难以大范围应用在民用领域当中，大多在军事领域和公共领域中发挥作用。近年来，各项相关技术飞速发展，激光雷达产业链的成熟度不断升高，各类激光雷达产品的应用范围已经逐渐扩大至采矿、林业、地质学、考古学、地震学、灾害预警、地形测量、手机、物联网、自动驾驶、增强现实（augmented reality，AR）/ 虚拟现实（virtual reality，VR）等领域当中。

2.3　超声波雷达

2.3.1　超声波雷达的特点与原理

超声波雷达，即利用超声波原理进行距离测算的雷达传感器。由于超声波是一种波长极短的机械波，因此超声波雷达在短距离测算方面具有明显优势。目前，超声波雷达是最为常见的车载传感器之一，主要用于倒车雷达。当驾驶人员进行倒车等操作时，超声波雷达能够判断周围障碍物的距离，并以直观的图像或声音等形式发出提醒，从而保证驾驶人员的操作安全。

（1）超声波雷达的特点

根据目前超声波雷达在汽车领域的应用情况来看，该型雷达一般具有以下优势：

① 有效探测距离一般不超过 10m，同时还存在一段小范围的探测盲区，通常为数十毫米，这一缺陷可以由其他传感器来弥补。

② 超声波雷达的结构和原理比较简单，体积小且成本较低，集成配置的过程方便快捷，且感知精度较高，信息处理性能可靠，可以实现实时控制。

③ 超声波不易受到电磁场、光线的影响，不怕潮湿、尘土和泥沙覆盖，能够适用于电磁干扰较强的场景和黑暗、大雾等能见度低的场景中。

④ 超声波对色彩不敏感，不会受到探测对象外观的影响，可以用于识别漫反射或透明、半透明的物体。

超声波雷达的应用也存在局限性。一是其感知精度的可靠性受到车辆运行速度的影响，在车辆低速运行的情况下，超声波雷达通常有较好的工作状态，但是当车辆高速运行时，超声波的测距效率无法跟上汽车的车距实时变化，由此可能导致较大的误差；二是超声波的传输速度容易受到温度影响，因此天气晴朗、气温较高时，超声波的传输速度较快，感知精度较高，而气温较低时，感知精度也随之降低；三是由于超声波的散射角较大，远距离障碍物反射的回波信号比较弱，无法精确描述远距离障碍物位置。

（2）超声波雷达的工作原理

超声波雷达是一种利用超声波特性实现能量转换、信号采集和距离测算的传感器装置，基于其原理简单、安装便利、探测效果好等优势，广泛应用于汽车领域。

其基本工作原理如图 2-11 所示：在超声波频率范围（即有效检测范围）内，发射装置将交变的电信号转换成声信号进行输出；接收器将外界声场中的声信号转换为电信号作为输入，由此获取一定范围内的信号源信息。

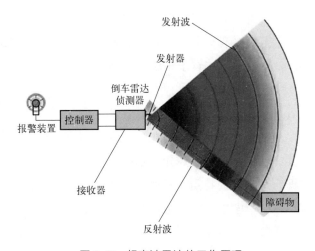

图 2-11 超声波雷达的工作原理

具体的实现过程如下：声波发射器发出特定频率的超声波，到达物理对象一端后，物理对象表面会将其反射回来，接收器接收返回的超声波，并将声信号转化为电信号进行记录；然后根据发射声波与回波的时间差等数值测算出检测对象与雷达之间的距离，同时相关数据信息可以通过 IIC 接口或模拟接口传递到电控单元中。

（3）超声波雷达的结构

车载超声波雷达一般由雷达电控单元、超声波传感器（声波发射器与接收器）和压电晶体等元件组成。

- 雷达电控单元负责将探测收发指令传递到超声波传感器中，并接收来自超声波传感器的反馈数据，完成相关数据的处理与计算。
- 声波发射器产生的电脉冲通过压电晶体转换成超声波信号向外发送。
- 声波接收器负责接收障碍物表面反射的超声波信号。
- 压电晶体辅助超声波传感器完成从电信号到声信号，再从声信号到电信号的转换过程。压电晶体可以基于返回的声信号形成电动势，经过放大处理的电动势信号又通过模数转换器（analog-to-digital converter，ADC）转换为数字信号。

目前，常用的超声波雷达探头的工作频率主要有 40kHz、48kHz 和 58kHz 三种规格，频率越高，则意味着雷达灵敏度越高，但水平与垂直方向上的探测角度越有限。综合来看，40kHz 探头的实用性更强，应用更为广泛。

2.3.2 超声波雷达的类型与参数

（1）超声波雷达的类型

目前，智能网联汽车所应用的超声波雷达主要有驻车辅助传感器（ultrasonic parking assistant，UPA）和自动泊车辅助传感器（auto parking assist，APA）两种。前者通常安装于汽车前后方的保险杠上，用于探测前后方向上的障碍物，探测距离一般为 15～250cm；后者通常安装于车辆左右两侧，用于测量停车位大小，探测距离 30～500cm。

从理论层面来看，超声波雷达的频率与其探测距离和探测精度密切相关。超声波雷达的频率越低，其能够探测的距离越长，但探测精度会随之逐渐降低；超声波雷达的频率越高，其能够探测的距离越短，但探测精度也会相对提升。在具体的应用过程中，需要依据应用场景的特点选择合适的超声波雷达。近几年，随着相关技术的进步，新一代 AK2 编码式超声波数字传感器正逐步应用于车载超声波雷达系统中，与传统的分离式数字传感器等相比，其在抗干扰能力、探测距离、探测速率等方面均有更加出色的表现。

目前，汽车超声波雷达系统发展出了多种形态，包括分离式数字传感器、模拟信号传感器、集成式数字传感器和 AK2 编码式数字传感器等，探测距离、探测速率等性能得到提升，探测盲区减少，抗干扰能力也进一步增强。

（2）超声波雷达的主要参数

超声波雷达的主要性能参数涉及五个方面，如图 2-12 所示。

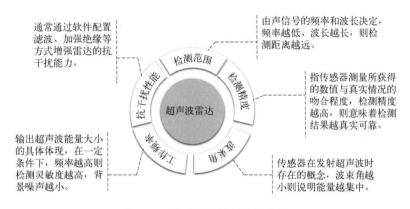

图 2-12　超声波雷达的主要参数

① 检测范围。超声波雷达的检测范围是由声信号的频率和波长决定的，频率越低、波长越长，则检测距离越远。目前，通常在车辆前后方安装短距超声波雷达（例如 UPA）以辅助车辆安全制动，在车辆的侧面安装长距超声波雷达（例如 APA）以辅助泊车。

② 检测精度。检测精度主要是指传感器测量所获得的数值与真实情况的吻合程度，检测精度越高，则意味着检测结果越真实可靠。超声波雷达的检测精度主要受到检测对象的外形、体积或表面材料等因素的影响，例如检测对象表面凹凸不平、体积过小或能够吸收超声波能量，则会使检测精度降低。

③ 波束角。该参数是传感器在发射超声波时存在的概念，一般来说，声波发射器在发射超声波时，沿传感器中轴线的延长线方向上的射线能量最大，而以延长线为轴线，向外扩展的能量强度减少到一半的位置与延长线形成的角度被称为波束角，波束角越小则说明能量越集中。智能网联汽车所应用的雷达传感器波束角可以达到 6°，能够精确测量体积较小的物体。

④ 工作频率。工作频率是输出超声波能量大小的具体体现，在一定条件下，频率越高则检测灵敏度越高，背景噪声越小，同时也影响了声波传播过程中的损失能量。不同频率的传感器尺寸有所不同。智能网联汽车主要应用到 40kHz 的雷达探头，这一型号在信噪比、探测精度等方面可以较好地满足探测需求。

⑤ 抗干扰性能。声波属于机械波，在传播过程中（尤其是接收回波的过程）会受到来自环境中的其他噪声的干扰，或探头端存在静电干扰。因此，通常通过软件配置滤波、加强绝缘等方式增强雷达的抗干扰能力。

2.3.3 超声波雷达的行业竞争格局

目前，车载超声波雷达市场由国际 TierOne 企业（即直接向整车制造商供货的一级供应商）主导，其中，博世（BOSCH）、法雷奥（Valeo）和尼塞拉（NICERA）三家老牌汽车零部件供应商占有大量市场份额。此外，活跃在车载超声波雷达市场的中国的供应商有珠海上富电技和广东奥迪威等，但占有的市场份额有限。

实际上，超声波雷达的技术领域并不存在较高壁垒，国内零部件供应商也有许多自主技术专利，国内和国外的超声波雷达产品并没有明显差别，都能够有效满足 APA、UAP 的性能要求。综合分析来看，车企认证是目前限制国内企业发展的主要因素。当前，国外老牌车企和国内合资车企大多有稳定的供应商，而汽车供应链的认证要经历一个复杂而缓慢的过程，因此国内零部件供应商难以在短时间内占有大规模市场。以下对车载超声波雷达领域内的主要厂商进行简要介绍。

（1）法雷奥

法雷奥是法国知名的汽车零部件供应商，创立至今已经有百年历史。最初该企业主要生产制动衬面和离合器相关的零件，经过数十年的发展，产品、技术和市场已经有了相当规模。目前，该企业涉及的业务包括汽车配件设计、生产和销售，汽车系统或模块的设计与集成，供应主机厂配套，汽车维修与售后服务等。法雷奥作为超声波雷达传感器细分领域的头部供应商，有着较强的自主研发能力，一般为车企提供整套泊车辅助系统，而不单独销售元器件。

（2）株式会社电装（DENSO CORPORATION）

日本的株式会社电装（英文 DENSO）最初服务于丰田汽车，经过发展，目前已经成为国际领先的汽车零部件供应商。其业务板块或产品涉及汽车的动力总成系统、热管理系统、电子系统、电气化系统、小电机和信息与安全系统等，并逐渐向非汽车领域的机械配件扩展。目前，株式会社电装在世界超声波雷达领域占有一席之地，丰田仍是其最大客户。

（3）同致电子

同致电子科技（厦门）有限公司创立于 1990 年，是一家专业化的汽车电装品供货商，1993 年即开始了泊车雷达配套系统的设计与研发。目前，其产品除了倒车雷达外，还包括车用摄像头、防盗器、行车记录仪、车身控制系统、胎压侦测系统、自动泊车系统等。

（4）博世

博世是一家来自德国的汽车零配件服务商，发展至今已经有一百多年的历史。目前，博世作为全球第一大汽车技术供应商，产品涉及车辆的安防系统、发动机管理系统、电子电气系统等，主要为宝马、德系大众、奔驰等车企提供核心零部件。在超声波雷达细分领域，博世主攻编码式传感器技术，并能够自主研发换能器，其毫米波雷达探测系统和影像前向ADAS应用系统处于世界领先水平。此外，其产品服务也涉及工业技术、建筑技术及消费品等领域。

（5）奥迪威

该公司的主要产品包括测距传感器、压触传感器及执行器、报警发声器、雾化换能器及模组等，除了应用于汽车电子领域，还在智能仪表、智能家居、安防和消费电子等领域广泛应用。其中，公司产品在2006年通过了关于汽车生产和相关配件组织应用的认证体系ISO/TS 16949，车载超声波雷达产品由此进入国内汽车制造厂商的前装供应链，实现了对法雷奥、日本村田和博世等国际厂商的进口替代，目前在行业内有着一定的市场占有率。

（6）村田制作所（Murata）

村田制作所是一家创立于1944年的电子零件专业制造厂，其产品涵盖超声波传感器、SAW滤波器、压电传感器、介质滤波器、EMI静噪滤波器和相关电源电路组件、元器件等，相关技术在全球范围内处于领先水平。

（7）上富电技

上富电技创立于1993年，是一家有着相当自主知识产权优势的国家级高新技术企业，具备自主设计研制换能器的能力。其产品包括车载影像监测系统、超声波雷达传感系统、微波雷达探测系统和高级驾驶辅助系统（advanced driving assistance system，ADAS）等，是一家同时拥有"换能器+传感器"研制能力的整车TierOne供应商。同时，上富电技基于换能器特性进行专用集成电路（application specific integrated circuit，ASIC）芯片的开发，以使换能器及超声波雷达传感系统的优势最大化。

随着智能驾驶技术和智能网联汽车产业的发展，毫米波雷达、激光雷达、智能图像识别摄像头的应用逐渐推广，但超声波雷达并未因此受到"冷落"，反而基于APA、UAP等系统的应用需求，超声波雷达相关技术不断优化迭代，整体性能有了进一步提升。

从现阶段看，国内厂商在政策、市场环境的支持下，相关技术快速跟进。随着超声波雷达性能提升，新一代AK2编码式数字超声波雷达可能成为新的增长点。同时，国内零部件供应商的认证过程也进一步推进，未来还有巨大的市场发展空间。

2.4 毫米波雷达

2.4.1 毫米波雷达特性与优势

毫米波雷达是一种以毫米波频段作为工作频段的探测雷达，其工作原理与普通雷达相同，即先向探测方向发射电磁波，然后接收返回的电磁波并对其进行处理分析，最终获得探测目标的位置、运动状态等信息。毫米波的波长范围是 1～10mm，由于介于光波和厘米波之间，所以同时具有光电制导和微波制导的性能。

毫米波雷达上用于发射、接收电磁波的关键部件——毫米波导引头，与其他类型的雷达导引头相比有着多方面优势，主要体现在：相对厘米波导引头来说，可以获得更高的空间分辨率，且体积更小、质量更轻，便于装配；相对激光、红外等光学导引头来说，具备全天时、全天候的工作特性，有更强的环境适应性；相对其他微波导引头来说，有更强的反隐身能力和抗干扰能力。

在一定条件下，毫米波雷达可以精确测量目标的相对距离、位置和运行速度等信息。该雷达最初应用于军事领域，随着市场和行业应用需求的增长和雷达技术的进步，毫米波雷达逐渐在无人机、智能汽车、智能交通等领域普及应用。

（1）毫米波雷达的特性

毫米波雷达的工作原理决定了它具有以下特点：

① 频带较宽，毫米波雷达在 35GHz、94GHz 这两个大气窗口条件下，可利用的带宽分别为 16GHz 和 23GHz，这有利于更好地管理和利用频谱资源，并基于应用需求处理宽带信号。

② 毫米波的波长较短、频率较高且具有散射特性，在小型天线或微波元器件的支撑下，更容易获得窄波束和较高的多普勒带宽，因而具有比其他雷达系统更高的空间分辨率、跟踪精度和测速精度，可以探测到微小目标，准确识别目标形状，具有一定的反隐身能力，且方向性较好。

③ 在毫米波雷达的运行过程中，可以采用频谱分析、数字信号处理、机器学习等技术手段减轻多径效应和地面杂波对雷达识别精度的影响，抗干扰能力较强。

（2）毫米波雷达测距的优势

毫米波雷达在测距方面的优势如图 2-13 所示。

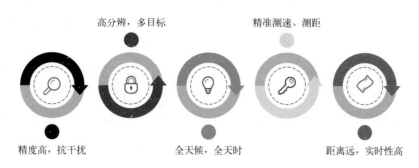

图 2-13 毫米波雷达测距的优势

① 精度高，抗干扰。基于毫米波的频带、波束、波长等特性，毫米波雷达相比其他微波雷达具有更高的测角精度和指向精度，且系统敏感性更高，探测错误率也更低；同时，能够抵抗来自地面杂波、多径效应或其他电磁波的干扰。

② 高分辨，多目标。波长短、频率高的毫米波可以获得更大的多普勒带宽，这意味着毫米波雷达在测量目标的距离、速度、角度等信息时有着更高的测量精度，可以分辨目标的形状细节或其他微小目标。此外，毫米波雷达有较高的空间分辨率，可以同时识别多个目标。

③ 全天候，全天时。毫米波在烟尘、浓雾等环境中具有更强的穿透性，甚至具有一定的反隐身能力，其感知性能不易受到光线或恶劣天气的影响，能够全天时、全天候工作。

④ 精准测速、测距。通过调频连续波（frequency modulated continuous wave，FMCW）调制雷达信号，可以实现较高的距离分辨率，获取不同距离的多个目标的信息或同一目标的运动速度和方向，根据探测需求对目标进行持续跟踪。

⑤ 距离远，实时性高。目前车载毫米波雷达主要使用 24GHz 和 77GHz 两个频段，24GHz 属于国际通用的 ISM（industrial、scientific、medical，即工业、科学和医学）频段，77GHz 则是专门划归车载应用使用的频段。为了避免电波干扰，在车载毫米波雷达的应用中需要对 24GHz 毫米波雷达的功率进行限制，因此其探测距离较 77GHz 毫米波雷达略短；同时，77GHz 毫米波雷达的检测精度更高，体积也更为小巧，便于在车辆的有限空间内装载，目前出现了以 77GHz 毫米波雷达取代 24GHz 毫米波雷达的趋势。

2.4.2 毫米波雷达的工作原理

毫米波雷达的工作原理是通过发射一定频段的毫米波并接收回波来实现对目标

物的感知，可以在雨、雾、风沙等较为恶劣的环境下正常工作，不会受到日照、明暗交替等光线因素的影响，而其最大优势在于能够同时获取目标物的运动速度、运动方向和与车辆的相对距离等信息。这是利用多普勒效应实现的：波源（即车辆）在靠近探测目标时，所发出波束的接收频率变高，远离探测目标时则变低，由此可以测出波源距离探测目标的相对距离，并结合车辆自身的运动速度，就能够计算出探测目标的运动速度。另外，毫米波雷达也存在探测精度不如激光雷达、容易受到其他电波和噪声的干扰等不足。

车载毫米波雷达的基本工作原理如图 2-14 所示：先利用天线对外发射电磁波（毫米波），电磁波遇到障碍物（即探测目标）后，会被障碍物表面反射回来，雷达天线接收反射信号并对其进行分析处理，最终获得探测目标的运动方向、运动速度，以及与雷达的相对位置、距离、角度等信息，并根据驾驶需求对目标进行追踪监测。同一车辆上一般会装载若干个雷达，车载系统或中央处理单元（electronic control unit，ECU）则基于对雷达感知信息和车身动态信息的融合分析做出控制决策，执行辅助制动控制、转向控制、安全预警等操作，以降低潜在的安全风险，改善驾驶体验。

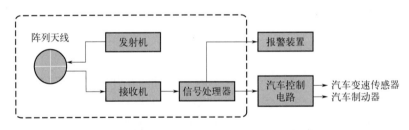

图 2-14 车载毫米波雷达的基本工作原理

毫米波雷达传感器是汽车主动安全辅助系统的重要组成部分。目前，应用于智能驾驶汽车上的毫米波雷达的工作频率一般为 77GHz，能够感知约 200m 范围内的路况环境信息，感知精度可以基本满足车辆的安全控制需求。进行探测时，目标的位置、速度及方位角是可以通过毫米波雷达获取到的重要信息。

（1）位置

毫米波雷达所发射的毫米波的波段和方向是确定的，天线接收到被障碍物反射的毫米波以后，可以根据毫米波波段、毫米波返回时间、车辆行驶速度等参数和规定算法计算出障碍物与雷达（车辆）之间的相对距离，以及障碍物的运动状态，从而确定障碍物位置。

（2）速度

基于多普勒效应的原理，毫米波雷达可以根据接收到的回波的频率变化，计算出感知目标的运动速度，进而获得感知目标与本车的相对运动状态。以本车与前车处于同一行进方向的运动状态为例：当前车运动速度大于本车时，反射回波的频率也会降低，代表着二者间的相对距离增大；当前车运动速度等于本车时，二者的距离和回波频率维持不变；当前车运动速度小于本车时，反射回波的频率提高，代表着二者间的相对距离缩小，当缩小到一定范围时，车载系统就会发出安全距离警告，提醒驾驶员减速或制动。

（3）方位角

毫米波雷达可以使用并列的天线来接收同一探测目标的反射回波，然后计算出反射回波的相位差；再将相位差数值、并列天线之间的几何距离值代入特定的三角函数，最终计算出探测目标的方位角信息。为了获得更高的分辨率，可以增加接收天线数量，利用多输入多输出（multiple-input multiple-output，MIMO）天线阵列的方法，获得更为精确的目标方位角。

毫米波雷达提供的探测目标的位置、速度和方位角等信息，是车载系统评估道路环境、输出操作决策的重要支撑。同时，毫米波雷达基于抗干扰性能优势和全天时、全天候工作的稳定性优势，在智能汽车领域得到越来越广泛的应用。

2.4.3 毫米波雷达在自动驾驶中的应用

目前，自动驾驶领域应用到的传感器主要有激光雷达、毫米波雷达、超声波雷达、红外线传感器和摄像头等。其中，毫米波雷达具有穿透性强、传输距离远、一定大气窗口条件下衰减程度低等优点，能够有效满足全天候、全时段的应用需求，补充其他传感器感知性能的局限性。同时，基于毫米波的特性，毫米波雷达可以采用小尺寸、轻量化的设计，从而在装配方面具有较好的适应性和灵活性。

毫米波雷达可以为车载控制系统提供探测目标的相对速度、距离及方向角等数据，从而为盲点检测（blind-spot detection，BSD）、前向防撞报警（forward collision warning，FCW）、自适应巡航控制（adaptive cruise control，ACC）、辅助变道（lane change assist，LCA）、辅助泊车（parking aid，PA）等高级驾驶辅助功能的实现提供了条件。

目前，自动驾驶领域通用的毫米波雷达的工作频率主要集中在24GHz和77GHz两个频段：24GHz频段的功率较低、带宽较小，主要适用于探测近距离（一般为5～30m）目标，一般安装在车辆后方；77GHz频段的功率较高、带宽较大，一般适用于探测远距离（一般为 30～70m）目标，通常安装在车辆前方及两侧。

毫米波雷达主要由射频前端、信号处理系统、后端算法三部分构成，从现有产品的应用成本看，射频前端约占成本的 40%，信号处理系统约占成本的 10%，后端算法在成本中的占比最高，大约为 50%。

（1）射频前端

射频前端的主要作用是发射、接收并处理电磁波，对接收到的射频信号进行滤波处理、频率转换后获得中频信号，以便于后续的信号分析，该组件对毫米波雷达的性能有着直接影响。目前，毫米波雷达射频前端主要采用了平面集成电路，具体形式包括单片微波集成电路（monolithic microwave integrated circuit，MMIC）、混合微波集成电路（hybrid microwave integrated circuit，HMIC）等。其中，MMIC 形式的射频前端的生产采用了 HBT（high electron mobility transistor）、外延 MESFET 和 HEMT（high electron mobility transistor）等器件工艺，其工艺相对成熟，具有成品率高、成本低等优势，适合大规模生产。

（2）信号处理系统

信号处理系统的主要作用是依托 DSP（digital signal processor）芯片和多样化的信号处理算法，对来自射频前端的中频信号进行分析处理，以获得特定类型的目标信息。DSP 芯片是一种专门用于数字信号处理的微处理器，具备高速处理信息的能力，可以有效满足雷达信号处理的实时性需求。

（3）后端算法

后端算法是影响毫米波雷达性能的重要因素之一，同时也是雷达技术水平的集中体现。目前，我国市场中的雷达产品大多采用基于频域的快速傅里叶变换及其改进算法，其应用场景和精度有限；而如果要引进国外算法，往往面临专利保护壁垒，专利费用非常昂贵。为了促进雷达技术发展，我国研究人员针对相关领域提出了基于时域、时频或频域等角度的多种算法，离线实验的精度已经有了较高水平，有望在不久的将来实现商业应用并逐渐推广。

2.4.4　毫米波雷达在智能交通中的应用

4D 毫米波可视雷达主要是面向智能交通系统设计的，拥有完全的自主知识产权。该雷达集成了智能三维立体空间毫米波检测技术和成像技术，可以同时对多车道的多目标进行实时跟踪，提供精确的 X、Y、Z 三维坐标和速度等轨迹信息，从而辅助智能交通管理系统、车载智能驾驶系统的运行。

在探测目标的信息采集方面，4D 毫米波可视雷达基于多普勒效应和调频连续波等技术原理，先向路面某一方向发射毫米波，再接收探测目标反射的回波，通过对回波信号进行数字化分析处理，获得探测方向上车道占用情况、车流量、单车速度、车流平均通行速度等基本信息，从而实现非接触式的、实时高效的交通路况监测。

在探测信息的可视化方面，4D 毫米波可视雷达可以利用一定的成像算法将采集到的高分辨率的目标特征信息呈现、叠加在视频中；同时基于四维识别技术，实时跟踪目标轨迹，并精确测量其运动速度。

现阶段应用的 4D 毫米波可视雷达能够同时监控 12 个车道，同时追踪轨迹的目标量可以达到 128 个，即使在流量大、运行缓慢且拥堵的道路场景中，也可以提供丰富、准确的探测数据。在实际交通管理中，根据不同交通场景的差异，所应用的雷达类型各有不同，如图 2-15 所示。

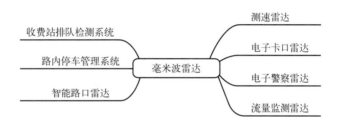

图 2-15　毫米波雷达在智能交通中的应用

（1）测速雷达

测速雷达侧重于对多车道、多目标进行测速与跟踪，并提供精确的车辆位置信息，以确保准确识别出超速车辆。测速雷达通常与高清摄像头配合使用，在对目标进行精准测速的同时，也可以识别出车牌号码，如果所追踪的车辆满足超速条件，则将该车的信息叠加并记录到系统中。测速雷达具有成本可控、捕获率高、可靠性高、安装简便等优点，同时可以抵抗单车道测速雷达、天气、光线等因素的干扰，在对超速车辆的管理方面发挥着重要作用。

（2）电子卡口雷达

电子卡口雷达是一种服务于电子卡口的多车道、多目标跟踪雷达，能够同时自动跟踪检测区域内的多个目标，通常与高清摄像头配合使用。其工作原理是：车辆驶入监测区域以后，电子卡口雷达根据测控需求对车辆的速度、行进方向等状态进行监测，如果车辆满足所设定的条件，就会输出一个触发信号使摄像头执行拍照（取证）动作，信息采集完成后可以直接输出给用户，或上传到系统中进行识别、记录、统计、分析，辅助进行交通管理。电子卡口雷达可以提供的信息包括道路占有率、车流量、车流运行速度等。

(3)电子警察雷达

电子警察雷达与测速雷达的作用类似,但除了识别超速车辆外,还可以监测、识别非法变道、非法占道、逆行、违停等违章行为。电子警察雷达有较高的探测精度,能够全天时、全天候工作,抗干扰能力强,其监测范围同样能够覆盖 12 个车道,可同时获取 128 个车辆目标的信息,可以有力辅助智能交通管理。

(4)流量监测雷达

流量监测雷达主要服务于各方面的道路流量监测需求,包括道路流通量、车道占有率、平均通行速度等,其测控距离可以达到 180m,且有着较高的检测精度,数据较为可靠。此外,流量监测雷达还支持实时路况照片或视频的获取,可以通过直观的图像信息辅助管理者及时掌握并验证现场情况,雷达支持 RJ45 和 RS485 两种信号输出方式,其检测更新速度可以达到 30ms。

(5)智能路口雷达

智能路口雷达主要用于获取不同方向上车道的路况信息,具体包括车道上排队起始位置、排队车辆数、排队长度、实时平均车速等基本信息,以及路口起止线附近通行车辆的车型、车速、占有时间等过车信息。智能路口雷达可以通过无线组网进行数据传递,且安装便捷,可以为路口交通灯配时方案的优化提供数据支撑。

(6)路内停车管理系统

路内停车管理系统主要依靠毫米波雷达和高清球形摄像机(即球机)发挥作用。通常,会根据毫米波雷达和球机的有效监测范围,将其安装在规定的泊车路段上,雷达监测到车辆停在车位上时,就会将该车位坐标发送给球机,球机识别车牌并将停车时间等信息输入系统;雷达检测到车辆离开时,系统可以自动匹配车牌号并根据驶离时间完成计费处理。这一方法不仅有效可靠,且成本较低、易于安装。

(7)收费站排队检测系统

随着家庭机动车保有量的快速增长,交通道路资源与交通流量的矛盾日益凸显,在部分重要交通干线上,高速公路收费站的拥堵问题也越发严峻,尤其是在节假日、旅游旺季等出行高峰期,收费站拥堵严重影响了公众的出行体验,同时也增加了收费管理风险。

为了有效解决收费站拥堵问题、提高面向高速公路的道路交通管理能力,可以引入现代化、智能化的科学管理手段,辅助提高收费站管理服务水平。基本方法是:建立一套基于毫米波雷达的自动检测机制,自动识别判断收费站的拥堵情况,并将相关信息输出到交通管理部门和服务于公众的交通信息开放平台。一方面，管理部门可以基于这些信息迅速掌握收费站运行状态，及时作出合理决策，优化路网管理；另一方面，公众可以从媒体、网络等多个渠道便捷地获取相关信息，以合理规划通行路线，提高出行效率。同时，毫米波雷达与三维空间检测技术的融合应用，能够提供全天时、全天候的收费站拥堵预警信息支持。

第 **3** 章

定位导航技术

3.1 全球导航卫星系统

3.1.1 全球定位系统的原理

在智能网联汽车行驶的过程中,有两项信息是至关重要的,分别是汽车位置与汽车行驶速度。要获取这两项信息需要多种技术的协调配合,其中具有关键作用的便是全球导航卫星系统。通过该系统,智能网联汽车可以获得准确度极高的位置信息,能够与高精度地图相配合为车辆提供较好的导航服务。

全球导航卫星系统(global navigation satellite system,GNSS)是所有导航定位卫星的总称,它可以通过卫星信号传输实时位置与时间信息,借助卫星搭建的空基无线电导航定位系统,在地球表面或者近地空间为用户提供三维坐标、速度、时间等信息。GNSS 的优点在于可以全天候为全球用户提供定位服务,缺点在于信号传输容易受到时间误差、卫星轨道位置偏差、大气层折射等因素的影响,导致定位的精确度不够稳定。

以全球定位系统(global positioning system,GPS)为例,它可以给用户提供 7m 左右精度的定位,其接收器会利用最少四颗卫星的信号来确定位置与时间。GPS 之所以可以提供精准的时间是因为该卫星附有原子钟,有关时间的信息存放在卫星的广播代码里,这样有助于接收器确认信号被广播的时间。

接收器可以通过信号接收时间与信号被广播时间的差值来计算卫星与接收器之间的距离,当接收器收到三颗卫星的位置信号信息时便可计算自己的三维位置,但还需要同步卫星的原子钟,所以用到了第四颗卫星来获取时间信息。因此四颗卫星分别被接收器用来计算经度、纬度、高度与时间。

卫星信号在传输到地面的过程中会受到多种影响,譬如,在经过电离层时会因其弥散特征改变传播路径;在经过对流层时,会因为大气压力以及湿度、温度等发生折射;在地表附近时,会受到水面、山体、建筑物等的影响发生反射或折射,这便会造成参考点位置的变化,由此产生误差。除此之外,还会有时钟误差、星历误差以及相对论效应等系统相关的误差。对于以上误差,接收器要对其进行校正来提高定位精度,主要的校正方案如下。

(1)RTK 定位

实时动态差分法(real-time kinematic,RTK)是一种计算基准站与用户站的载波相位观测量的差分的方法,主要通过把基准站采集到的载波相位发送给用户的接收机，接收机运用动态差分定位的方法来进行求差解算坐标。RTK 定位的精度可达厘米甚至毫米级别，是 GPS 应用的重大里程碑。

在传统的 RTK 工作模式中，基准站（GNSS 接收机）的数目只有一个，且基准站与流动站之间的距离有限制，如图 3-1 所示。而在网络 RTK 中，基准站的数目不限于一个，用户与基准站的距离得到了极大扩展，与距离相关的误差得到了改善，如图 3-2 所示。

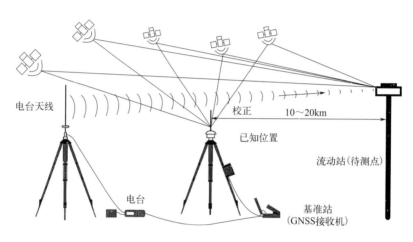

图 3-1　传统 RTK 工作原理

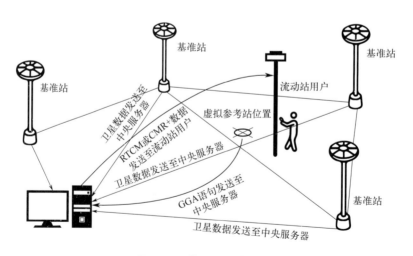

图 3-2　网络 RTK 工作原理

（2）PPP 定位

精密单点定位（precise point positioning，PPP）融合了多种全球导航卫星系统位置细化技术，实时估计载波伪距偏差、钟差以及卫星轨道等，再把校正后的数据传给接收机，最后算出卫星与接收机间的距离。该技术的定位精度也较高，误差最小可达几厘米，但其劣势是精密定位耗时较长且需要外部星历配合。

（3）双频 GNSS

双频 GNSS 是一种可以同时接收 L1、L2 两个载波频率的导航卫星信号的终端设备，它可以最大程度上削弱电离层对电磁波信号的延迟的影响，以此来提高定位精度。

3.1.2 全球定位系统的构成

GPS 主要由空间部分、地面部分和用户设备部分构成，如图 3-3 所示。

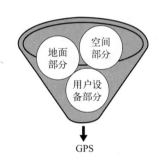

图 3-3 全球定位系统的构成

（1）空间部分

空间部分，即 GPS 星座，一共包含 24 颗 GPS 卫星，其中有 21 颗是工作卫星，其余 3 颗是备用卫星。这些卫星距离地面约两万千米，均匀运行在 6 个轨道面上，以 12 个小时为一个运行周期。这些卫星的主要作用是发射用于导航定位的卫星信号，为地面设备提供不间断的全球导航功能。

GPS 卫星产生两组电码：一组是频率较高的 P 码（Precise Code 10123MHz），其抗干扰能力强、定位精确，不过主要受美国军方管制，民间一般无法解读使用；另一组是 C/A 码（Coarse/Acquisition Code 11023MHz），其受到人为措施影响，精度降低，主要用于民间定位。

（2）地面部分

地面部分，主要由四部分组成，分别为监测站、主控站、地面天线和通信辅助系统。

监测站的数量不等，其中均会配备接收机和原子时间标准，并安装有地面天线。地面天线可以将相关的指令信息发送至对应卫星，当接收机测定到所有可见卫星的伪距后，监测站便会基于电离层和气象参数对数据进行修正，并经过通信辅助系统将修正后的数据发送至主控站。而包括监测站、地面天线等在内的整个地面控制系统的工作均由主控站负责管理和协调。

（3）用户设备部分

用户设备部分，即 GPS 信号接收机，主要由接收机硬件和后处理软件包等软件构成。它可以按照指定的卫星截止角度来选择待测卫星，然后跟踪卫星运行，之后利用跟踪监测到的卫星信号来测得卫星与接收天线之间的伪距等，进而得出相关卫星的轨道参数等信息。

GPS 接收机中配有微处理计算机，可以对相关数据进行定位计算，得出用户设备所在的地理位置信息，如经度、纬度、高度、时间以及速度等。

GPS 接收机涉及的基本机构主要有三个，分别是天线单元、接收单元和电源。接收机通常会采用直流电源，不过有机内和机外之分。机外电源不作赘述，主要介绍机内电源，它的作用在于更换外电源时使观测不受影响，使用机外电源时，它会自动进行充电，这样在断电情况下，机内电池会自动为 RAM 供电，避免数据丢失。目前 GPS 接收机更新较快，重量与体积都在变小，适用于野外观测等场景。

GPS 系统具有较多优势，不仅定位速度快、精度高，而且成本低，不受天气条件影响，因其显著优势得到了广泛应用，例如户外探险、公路测量、大型构造物的变形测量等，已经形成了空间导航定位的强大产业链。

3.1.3　全球主流的导航卫星系统

导航卫星系统是一种融合了多种先进的科学技术的导航系统，具有十分强大的定位和导航功能，能够在交通运输、航空航天、军事安全、地质勘探和灾害救援等多个领域中发挥重要作用，并在一定程度上为国家的经济发展和安全保障提供助力。从某种层面上来说，导航卫星系统的发展水平与国家的科技水平和经济实力息息相关。

目前，国际主流的 GNSS 有四个，分别是美国的 GPS（全球定位）导航系统、俄罗斯的 GLONASS（格洛纳斯）导航卫星系统、欧洲的 GALILEO（伽利略）导航卫星系统和中国的北斗导航卫星系统。

（1）美国 GPS 导航系统

美国国防部研发的全球定位系统（global positioning system，GPS）是世界上首个建立并用于导航定位的全球系统，且在定位精度和应用范围方面远远领先于其他的导航定位系统。

从发展历程上来看，1958 年，美国军方研发出一种用于定位的子午仪卫星定位系统，这一系统的研发和应用验证了使用卫星系统定位的可能性，也为 GPS 的面世打下了基础。20 世纪 70 年代，美国国防部开始研制、设计和试验导航卫星定时和测距全球定位系统，也就是 GPS。

从工作原理上来看，GPS 可以利用一组位于轨道上的卫星来传播和接收信号，并利用三角定位原理根据接收器与各个卫星进行信号传输时的时间差计算出实际地理位置。一般来说，GPS 的定位精度会受到信号传播误差、接收器性能等各项因素的影响，就目前来看，大部分 GPS 的定位精度可达到米级别。

GPS 所实现的导航功能、定位功能和授时功能均具有全能性、全球性、连续性和实时性的特点，用户可以借助 GPS 来了解目标物体当前的位置坐标、运动速度以及时间信息。GPS 的空间段中包含多个卫星星座，这些卫星可分为工作卫星和在轨备用卫星两种类型，且能够向用户端发射无线电信号。现阶段，GPS 中的在轨工作卫星共有 31 颗，处于工作状态中的 GPS 通常需要在同时观测不少于 4 颗卫星的情况下才能实现对目标物体的导航定位。

（2）俄罗斯 GLONASS 导航卫星系统

从发展历程上来看，1960 年，苏联军方提出了对卫星无线电导航系统（satellite radio navigation system，SRNS）的需求；1976 年，苏联启动 GLONASS（格洛纳斯）项目，利用 24 颗卫星实现全球定位服务；1982 年，苏联发射了第一颗 GLONASS 卫星，并不断对 GLONASS 卫星进行优化升级，陆续发射多颗卫星。到 1996 年，俄罗斯所使用的 GLONASS 导航卫星系统中已经有 24 颗在轨卫星。

具体来说，GLONASS 在水平方向上的定位精度可达 16m，在垂直方向上的定位精度可达 15m。GLONASS 大多包含星座、地面控制和用户设备三部分，其中，星座中具有 21 颗工作卫星和 3 颗在轨备用卫星，这些卫星通常以 11h15min 为一周期均匀地分布在 3 个近似为圆的轨道面中稳定运行，且能够确保自身与轨道面之间的夹角为 120°，离地高度为 19390km，轨道偏心率为 0.01，因此用户在使用 GLONASS 进行导航定位时，无论处在何时何地都可以获取到不少于 4 颗卫星的导航信息，从而充分确保导航定位的准确性。

从工作原理上来看，在 GLONASS 导航卫星系统中，GLONASS 卫星中的铯原子钟具有稳定性强的特点；星载设备具有接收和处理信息以及指令的作用，同时也可以利用各项信息生成导航电文，为用户对卫星的在轨运行情况进行了解和控制提供方便；遍布于整个俄罗斯的跟踪控制站网可以采集和处理 GLONASS 卫星的轨道和信号信息，并将控制指令和导航信息传输到各个卫星当中，以便对 GLONASS 卫星进行维护和控制；用户可以利用信号接收设备接收来源于 GLONASS 卫星的信号，同时从中获取伪距、载波相位等信息并根据卫星星历对这些信息进行处理，进而计算出目标物体的三维坐标、速度和时间等相关数据信息。

（3）欧洲 GALILEO 导航卫星系统

伽利略导航卫星系统是欧盟主导研制的民用全球导航卫星定位系统，主要由地面控制中心以及 27 颗工作卫星和 3 颗备用卫星组成。具体来说，这些卫星共同构成了伽利略导航卫星系统的空间段，并分布在 3 个高度为 23222km，倾角为 56°的轨道平面当中；而伽利略导航卫星系统的地面段指的是地面控制中心，主要由全球域网、全球地面控制段、全球地面任务段、地面支持设施、地面管理机构和导航管理中心构成。

从实际应用上来看，伽利略导航卫星系统既能够实现导航、定位、授时三项基本功能，也具有搜索及拯救（search and rescue，SAR）等特殊功能，同时还能在精准农业、海上运输系统、铁路安全运行调度、陆地车队运输调度以及飞机导航和着陆系统等应用场景中发挥作用。一般来说，伽利略导航卫星系统可以利用转发器来双向传输来源于事故发生地的求救信号和来源于救援协调中心的反馈信号，从而提高信息传输的及时性，达到节省救援时间的效果。由此可见，伽利略导航卫星系统的发展和应用在一定程度上为全球卫星搜救系统的进一步发展提供了强有力的支持。

（4）我国北斗导航卫星系统

北斗导航卫星系统（beidou navigation satellite system，BDS）是我国自行研制的全球导航卫星系统，也是经过联合国导航卫星委员会认定的供应商，且能够为全球用户提供零收费、全天候、全天时、高精度的定位服务、测速服务和授时服务，充分满足各地用户在导航定位方面的需求。

第一代北斗导航卫星系统，也称"北斗一号系统"，建成于 2000 年，能够利用 3 颗卫星为用户提供区域定位服务，并于 2012 年停止运作；同年，第二代北斗导航卫星系统面世，并为亚太地区的用户提供定位、测速、授时和短报文通信等服务。

2009 年，我国启动北斗三号系统建设。2020 年 6 月，北斗三号最后一颗全球组网卫星成功发射，北斗三号全球导航卫星定位系统正式完成星座部署。具体来说，北斗三号系统的空间段中主要包含3颗地球同步轨道（geostationary orbit，GEO）卫星、3颗倾斜地球同步轨道（inclined geo synchronous orbit，IGSO）卫星和24颗中地球轨道（medium orbit earth satellite）卫星，并分别利用这三类卫星实现对中国、亚太地区和全球的导航定位，同时各个卫星之间也能够相互通信，在不依赖地面站的情况下自主运行。

除了上述四个全球定位系统之外，各国还创建了一些区域定位系统以及增强系统，代表性应用分析如下。

① 区域定位系统。比如日本的准天顶卫星系统（quasi zenith satellite system，QZSS）、印度的区域导航卫星系统（IRNSS）。

② 增强系统。比如美国联邦航空局开发的用于空中导航的WAAS（wide area augmentation system）系统；日本为校正GPS定位偏差自主研发的多功能卫星增强系统MSAS（multi-functional satellite augmentation system）；欧洲自主开发建设的星基导航增强系统EGNOS（european geostationary navigation overlay service，欧洲地球静止导航重叠服务），主要用于提高GPS和GLONASS两个导航卫星系统的定位精度；印度空间组织和印度航空管理局联合组织开发的GPS辅助静地轨道增强导航系统GAGAN等。

3.1.4 基于GPS的汽车导航系统

汽车导航系统能够为车辆驾驶员提供车辆实时位置信息、道路图、停车设施、道路名称、载重限制、净空限制、单向交通路段、禁止转弯路段以及其他各项相关服务信息，以便驾驶员及时精准掌握各项所需道路信息，确保驾车的安全性和稳定性。与此同时，驾驶员也可以通过在车载电脑中输入目的地名称的方式来从中获取目的地的道路情况、速度限制和红绿灯数量等信息，并在此基础上生成最佳行驶路线。在汽车导航系统的指导下，驾驶员可以有效避开拥堵路段，及时根据车辆当前的位置灵活规划最佳行驶路线，防止出现因错过路口、车辆位置偏移等问题造成的绕路问题。

从构成上来看，汽车导航系统主要包含显示器、GPS导航、自主导航、微处理器（micro processor，MPC）、车速传感器、陀螺仪、电子地图数据库、智能化地图匹配器、只读光盘（compact disc read-only memory，CD-ROM）驱动器、数字通用光盘只读存储器（digital video disc-read only memory，DVD-ROM）驱动器以及各项相关软件。自动驾驶汽车中通常要配备GPS天线、GPS接收机、显示屏、中央处理器（central processing unit，CPU）和 CD-ROM 驱动器等硬件。

（1）GPS 导航设备

GPS 导航设备包括 GPS 天线和 GPS 接收机两项内容，且天线和接收机都具有参数可调节的特点，可以根据实际应用的定位系统的坐标系、工作频率、传输方法和识别方法来进行参数调整，因此 GPS 导航设备不仅可以单独使用 GPS 或 GLONASS 接收，也可以综合运用 GPS 和 GLONASS 两个系统接收。

受轨道面、卫星倾角、轨道面上的卫星分布数量等因素的影响，地球上的点所接收到的卫星参数的数量也各不相同。一般来说，地球上的任意一点最多可以接收到来自 8 颗卫星的信息，而基于 GPS 的汽车导航系统只需利用 4 颗卫星参数就可以实现坐标定位。

美国 Rockwell 公司开发出的 12 通道 GPS-OEM 板可作为 GPS 接收机的主机发挥重要作用，有效防止城市建筑和树木等障碍物对汽车导航系统的定位精度造成影响。

（2）自主导航设备

汽车导航系统中的自主导航设备主要包含车速传感器和陀螺仪两个组成部分。在部分特殊路段（如隧道、高架桥、高层楼群、高山群涧、密集森林等）中，汽车导航系统可能会出现信号中断的情况，此时车速传感器将会感知车辆当前的速度信息，并据此测算出车速脉冲，同时利用汽车微处理器（microprocessor unit，MPU）来对各项相关数据进行处理，进而根据时间和速度计算出车辆向前行驶的距离。

为了充分确保导航的精准性，汽车导航系统需要利用距离系统来修正高速转动下的轮胎受热膨胀所造成的计算误差。从实际操作方面来看，陀螺仪中装配了压电晶体陀螺，汽车导航系统需要使用陀螺仪来检测出汽车行驶在钩状山道、蛇形路面、雪道空地、轮渡过河、发夹式弯路、环状盘形路等场景中的方向变化、曲线行驶距离、行驶路线状态等信息，并综合运用微处理器和陀螺仪来修正曲线行驶距离与导航卫星经纬度之间的偏差，为汽车沿规划路线行驶提供支持。

（3）地图匹配器

地图匹配器中融合了地图匹配技术，能够有效修正 GPS 导航和自主导航测出的汽车前进方向、汽车坐标位置数据和汽车行驶路线轨迹方面的误差。具体来说，汽车导航系统可以利用地图匹配电路来对汽车行驶路线和电子地图中的道路偏差进行匹配和自动修正，并利用微处理器来实时高效地处理各项相关数据信息，进而确保电子地图中所显示的车辆位置的准确性。

（4）LCD 显示器

薄膜晶体管有源矩阵液晶显示器（thin film transistor active matrix liquid crystal display，TFTAMLCD）中的每个像素的驱动装置都是半导体开关器，能够确保视频图像以高亮度、宽视角、低反射、多扫描线和合适的对比度进行显示，因此 TFTAMLCD 也是平板显示器发展的重要方向。

（5）通信系统

作为一种交通工具，汽车具有移动性强的特点，因此汽车导航系统必须使用无线电进行通信。现阶段，汽车导航系统所使用的通信方式主要包含全球移动通信系统（global system for mobile communications，GSM）的短信息业务、集群通信和常规通信三种类型。其中，GSM 的短信息业务具有定位数据传输功能，且覆盖面较大，能够支持汽车导航系统在全球范围内进行通信，但同时也存在时间问题。就目前来看，我国所应用的 GSM 公用数字移动通信具有最大的覆盖范围、最强的可靠性和最多的数字移动通信系统，汽车导航系统可以在 GSM 的支持下实现经济、有效的通信。

3.2　惯性导航系统

3.2.1　惯性导航技术的演变发展

惯性导航（inertial navigation system，INS）是一种自主式导航系统，大多具有体积小、精度高、维护方便、结构简单、自主性强、抗干扰能力强等特点，能够在基于物体惯性的导航方法的支持下充分发挥处于惯性测量单元（inertial measurement unit，IMU）中的陀螺仪、加速度计等传感设备的作用，对物体的加速度、角速度等数据进行测算，并在此基础上计算出物体的速度、位置和方向。就目前来看，INS 技术可以在自动驾驶、导航系统、航空航天和虚拟现实等多个领域中发挥作用，具有十分广阔的应用前景。

自动驾驶是 INS 技术应用的主要领域，具体来说，INS 技术能够打破地库、隧道等卫星定位信号遮挡场景的限制，利用姿态数据为自动驾驶系统估算出汽车的位置，为车辆实现自动驾驶提供支持。由此可见，惯性导航在精度和稳定性方面具有极高的要求，且能够在自动驾驶汽车中发挥重要作用。

相比较于目前常用的导航卫星，惯性导航在技术原理、实现方式与基础器件等方面均有所不同，其主要差别及优缺点见表 3-1。

表3-1 惯性导航与导航卫星的技术比较

定位技术	惯性导航	导航卫星
原理	以牛顿惯性定律为基础的惯性技术原理	以卫星定位技术为基础
实现方式	通过测量加速度和角速度计算运载体的位置信息	根据高速运动的卫星瞬间位置,采用空间距离后方交会的方法确定待测点的位置
基础器件	陀螺仪和加速度计	接收天线和接收机
优点	①不依赖任何外部信息,也不向外部辐射能量的自主式系统,故隐蔽性好且不受外界电磁干扰的影响 ② 可工作于空中、地球表面乃至地下、水下、室内 ③ 输出信息丰富,能提供位置、角(加)速度、线(加)速度、航向和姿态等数据 ④ 数据更新率高、短期精度和稳定性好	①采用绝对定位,定位精度不因时间而累积误差,不因温度而引起漂移,全天候、全天时、绝对位置准确 ② 接口简单,使用方便;定位精度高、定位速度快;全球覆盖,无须初始对准 ③ 除定位外还可以用于授时;组网还可进行差分,测量精度更高 ④ 价格低廉,生产方便,无须标定,产业化程度高
缺点	①导航信息由算法产生,定位误差随时间而增大,长期精度差 ② 每次使用之前需要初始对准时间 ③ 成本较高	①本质而言,仍属于无线电信号导航,信号易受环境干扰,影响导航连续性、稳定性 ② 动态性能较差,难以在高速运动物体上连续测量和导航

一般来说,惯性导航定位技术融合了力学、光学、材料学、近代数据、微电子和计算机等多个领域的相关知识,且惯性导航系统中通常会装配陀螺仪和加速度计等具有传感作用的设备,能够支持汽车实现推算导航。

从发展过程上来看,19世纪50年代,法国的物理学家莱昂·傅科发明了陀螺仪,这种应用在船舶领域的机械陀螺仪是惯性导航发展的开端,也是惯性导航的核心部件,能够在陀螺效应的作用下以旋转的方式来帮助船只保持行进方向;20世纪初期,飞行器领域开始使用由陀螺仪和加速度计构成的惯性导航设备来进行飞行器导航,这一时期的惯性导航已经能够测量出飞行器的姿态和加速度等数据,并根据这些数据计算出飞行器的位置和速度;二战期间,惯性导航不仅能够利用陀螺仪和加速度计等传感器设备感知飞行器的运动状态,还能借助数学模型来估算出飞行器的位置和速度,因此被应用到军事领域当中,用于提高飞机和导弹等军事应用的导航精度;20世纪中期,惯性导航系统随着技术的发展进一步升级,航空航天领域开始利用惯性导航系统在太空中导航;20世纪70年代,集成电路技术的发展和应用促进了惯性导航系统的发展,惯性导航系统的质量和体积进一步缩小,开始向微型化的方向发展,同时微型化的惯性导航系统也逐渐被应用到航空、导航和汽车等诸多领域当中;20世纪90年代,微电子机械系统(micro-electro mechanical systems,

MEMS）的发展和应用进一步提高了惯性导航系统的小型化程度和成本效益，同时也进一步扩大了惯性导航系统的应用范围，惯性导航开始逐渐被应用到智能手机等领域当中。

从集成性方面来看，惯性导航可以集成多种技术和导航系统，与全球定位系统（GPS）等其他导航系统协同作用，在充分发挥自身的短期内高精度导航能力的同时利用来源于其他导航系统的位置信息和时间信息进行导航，进而达到提高导航的准确性和可靠性的效果。

从发展方面来看，惯性导航系统会在传感器、人工智能等科学技术的推动下不断发展，并在未来逐渐被应用到自动驾驶、虚拟现实、增强现实等多个领域当中，在技术层面为各个领域的发展提供支持。

3.2.2 惯性导航系统结构与类型

惯性导航定位、环境特征匹配定位和全球导航卫星系统（global navigation satellite system，GNSS）是汽车产业常用的定位工具。其中，惯性导航定位能够实时测算加速度、角度、运载体位置等相关数据信息，并在此基础上自主完成导航定位任务，在汽车、飞机、船舶和无人机等多个领域中发挥着十分重要的作用。

惯性导航定位是一种推算导航方式，具有自主性强、抗干扰性强等特点，能够自主完成对车辆的三维定位和三维定向任务，因此数据传输的稳定性和一致性以及导航定位结果均不受外部环境影响。

（1）惯性导航系统的基本结构

从结构上来看，惯性导航系统主要包含惯性测量单元、信号预处理模块和机械（力学）编排三个组成部分。惯性导航系统的主要模块如图3-4所示。

图3-4　惯性导航系统的主要模块

具体来说，惯性导航系统中的惯性测量单元主要由3个加速度计和3个陀螺仪构成（如图 3-5 所示），各个加速度计和陀螺仪均为单轴，且加速度计与加速度计之间以及陀螺仪与陀螺仪之间均存在正交关系；信号预处理模块具有信号调理、误差补偿和输出量范围检查等功能，能够对来源于惯性测量单元的输出信号进行处理，并在此基础上支撑惯性测量单元正常工作；机械（力学）编排主要涉及惯性导航系统的机械实体布局、采用的坐标系及求解方法三项内容。

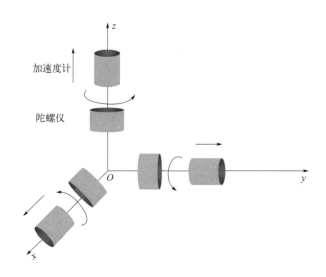

图 3-5　惯性测量单元结构

（2）惯性导航系统的分类

惯性导航系统可按照机械（力学）编排形式划分成平台式惯性导航系统（gimbaled inertial navigation system，GINS）和捷联式惯性导航系统（strap-down inertial navigation system，SINS）两种类型。平台式惯性导航系统和捷联式惯性导航系统的组成如图 3-6 所示。

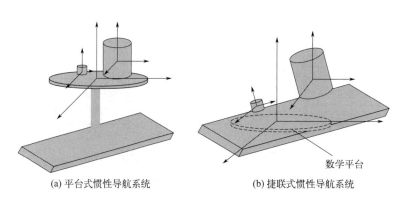

(a) 平台式惯性导航系统　　(b) 捷联式惯性导航系统

图 3-6　平台式惯性导航系统和捷联式惯性导航系统的组成

① 平台式惯性导航系统。在平台式惯性导航系统中，惯性测量单元可借助支架平台连接载体，敏感轴可以通过对导航坐标系的直接模拟来确保指向的精准性，且与载体的角运动互相隔离，能够为惯性测量单元提供良好的工作环境，同时也进一步提高系统的精度，但连接惯性测量单元的支架平台的台体也为系统带来了缺陷，导致系统出现体积过大、结构复杂度过高、制造成本过高等问题。

② 捷联式惯性导航系统。捷联式惯性导航系统具有成本支出较低的优势，因此被广泛应用于自动驾驶领域。具体来说，在捷联式惯性导航系统中，惯性测量单元与载体直接连接，系统可以通过计算机来完成导航平台中的各项任务，同时敏感轴也会随着载体的转动而转动，系统可以计算出载体的姿态角，并在此基础上进一步明确敏感轴指向，在导航坐标系中引入惯性测量单元获取到的载体运动信息，进而实现航迹递推。

3.2.3 惯性导航系统的工作原理

从工作原理上来看，惯性导航系统中的陀螺仪具有角速度测量功能，加速度计具有加速度测量功能，惯性导航系统可以利用陀螺仪、加速度计等惯性元件来获取载体运动相关数据信息，并对这些数据信息进行处理，推算出载体的运动状态、速度以及相对于初始位置的位移等信息，从而借助推算结果实现导航定位。

（1）陀螺仪原理

陀螺仪的轴心处装配有一个可旋转的转子，可以在角动量守恒的前提下借助转子的角动量来抗拒方向改变，从而为载体感知、测量和维持方向提供支持。

陀螺仪具有精确度高的特点，常被应用到潜水艇、哈勃空间望远镜、陀螺经纬仪等设备当中。不仅如此，陀螺仪还可以装配到船舶、汽车、飞机、航天器等交通工具当中，直接作为惯性导航系统的组成部分，或通过辅助或代替磁罗盘的方式来发挥作用。

（2）加速度计原理

加速度计可以利用压电效应、压阻效应、电容式感应等原理测量出物体在空间中的加速度，并利用积分来获取载体的速度和位置等相关数据信息。

（3）组合测量

惯性导航技术是一种能够对物体的位置、方向和速度进行测算的技术手段。惯性导航技术可以利用陀螺仪和加速度计来获取角速度、加速度等相关数据信息，并据此确定物体的方向、位置、速度和位移，如图3-7所示。

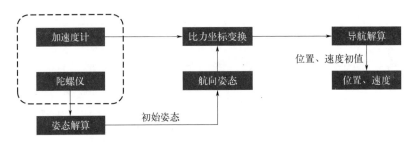

图 3-7　组合测量的工作原理

（4）初始对准和校正

初始对准指的是对比惯性导航系统和已知参考系统之间的差别，并根据对比结果对惯性导航系统进行相应的调整，避免系统中出现会影响测算精度的问题，如图 3-8 所示。校正指的是定期校准惯性传感器，防止惯性传感器中出现积累误差和传感器漂移等问题。一般来说，初始对准和校正都是惯性导航系统提高自身在测算物体运动相关数据时的精准度和稳定性的重要方法。

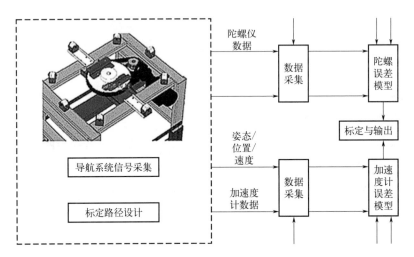

图 3-8　初始对准和校正的工作原理

（5）集成导航

集成导航系统是一种集成了惯性导航技术和 GPS 等多种技术的系统，能够融合各个导航系统的测量数据，并利用这些数据来提高导航的精准性和鲁棒性，与此同时，还可以充分发挥卡尔曼滤波器等滤波算法的作用，对各类传感器所采集的数据信息进行融合处理，以便利用这些数据信息来掌握物体的位置、方向、速度等运动状态信息，如图 3-9 所示。

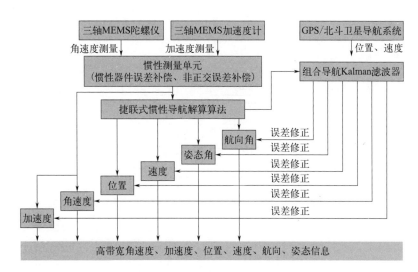

图 3-9　集成导航的工作原理

综上所述，惯性导航技术是一种在集成导航方法和组合测量数据的指导下通过使用陀螺仪、加速度计等传感设备获取角速度、加速度等相关数据信息的方式来实现对物体的位置、方向和速度的测算的导航技术。

3.2.4　惯性导航系统的核心算法

作为一种自主式导航系统，惯性导航系统使用的核心算法主要包括以下三种。

（1）惯性导航解算算法

惯性导航解算所期望构建的是上一时刻的运动输入、导航信息等与当前时刻导航信息之间的关系。也就是说惯性导航解算基于上一时刻的导航信息能够推导出当前时刻的位置、速度、姿态等导航信息。具体到不同的导航信息，计算过程也有所不同。比如，姿态具有不可交换性和非线性等特性，而且表现形式不尽相同，因此其计算过程也更为复杂。

从图 3-10 中可以看出，惯性导航解算通常遵循一定的步骤：

- 姿态更新：基于上一次的相关导航结果，结合陀螺仪输出的角速度进行积分后得到的姿态增量，可以更新当前时刻的姿态信息；
- 坐标变换：从 IMU（inertial measurement unit，惯性测量单元）载体坐标系到位置、速度求解坐标系；
- 速度更新：基于上一次的相关导航结果，去除重力加速度后得到惯性参考系下的加速度，可以更新当前的速度信息；

- 位置更新：基于上一次的相关导航结果，通过速度积分进行位置更新。

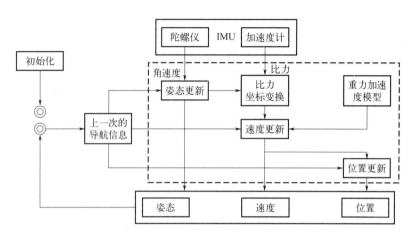

图 3-10　惯性导航解算算法原理图

从图 3-10 中还可以看出，惯性导航解算的第一步为初始化，即将上一次的导航信息作为此处导航方程的初始值。当车辆处于静止状态时，由于其加速度计测量的比力只由重力决定，因此可以通过公式 $f=Cg$ 进行计算。此外，姿态对准是指得到 IMU 的 roll、pitch、yaw 角度。

（2）组合导航的卡尔曼滤波器的耦合

组合导航的卡尔曼滤波器的耦合，即对 GNSS 和 IMU 采集的信息进行耦合。由于耦合的方式有所不同，此处组合导航的卡尔曼滤波器的耦合可分为松耦合和紧耦合，如图 3-11、图 3-12 所示。其中，松耦合滤波器整合速度测量值、GPS 位置信息等作为组合导航滤波器输入；紧耦合滤波器涉及的数据主要包括距离变化值、GNSS 的导航参数等。

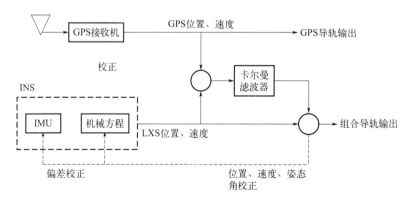

图 3-11　卡尔曼滤波器的松耦合原理图

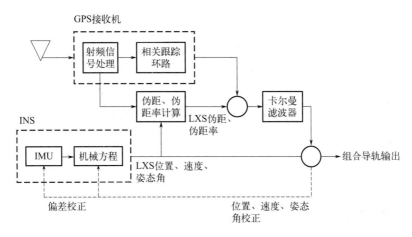

图 3-12 卡尔曼滤波器的紧耦合原理图

从表 3-2 中可以看出,卡尔曼滤波器松耦合和紧耦合均有优势和不足之处。

表3-2 卡尔曼滤波器松耦合和紧耦合的优势和不足对比

耦合类型	优势	不足
松耦合	简单、灵活、滤波器维数低;拥有全局最优估计精度	必须有 4 颗可见卫星,否则 GNSS 无法计算出位置和速度作为滤波器输入
紧耦合	在可见星数目小于 4 时仍然可以进行量测值更新;可以监测到粗劣的 GNSS 测量值并移除	滤波器复杂;在滤波之前需要消除滤波误差

百度 Apollo(阿波罗)使用的惯性导航系统为松耦合与误差卡尔曼滤波器结合的形式。在具体的运行过程中,卡尔曼滤波器的量测值更新依赖 GNSS、点云定位结果,而卡尔曼滤波器的时间更新则依赖惯性导航解算的结果。此外,惯导模块的修正需要依据卡尔曼滤波器输出的导航信息误差,IMU 原始数据则由 IMU 期间误差进行补偿。

(3)惯性导航环境特征信息与惯性导航融合

虽然目前导航技术的发展已经为自动驾驶应用的推广提供了重要的技术支持,但在某些场景中 GNSS 与 IMU 组合这一常用的惯性导航方案仍然具有定位稳定性不足、定位精度不高等痛点。比如,在地下停车场、楼宇密集区域等,GNSS 的信号可能持续处于较为微弱的状态,此时就需要更为稳定、精确的定位方案。将视觉传感定位或激光雷达等融入惯性导航系统(如图 3-13 所示)有望成为自动驾驶未来的重要发展趋势。

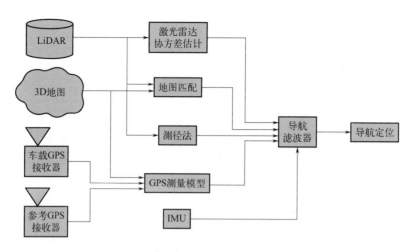

图 3-13　组合导航和环境感知信息融合的架构示意图

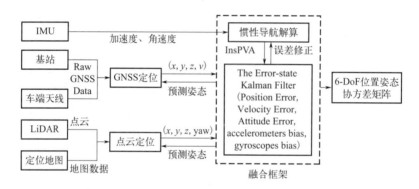

图 3-14　百度阿波罗的惯性融合定位模块框架

仍然以百度 Apollo（阿波罗）为例，其惯性融合定位模块框架如图 3-14 所示。其中，惯性导航系统处于模块的中心位置，其融合 LiDAR、GNSS、IMU 等提供的信息后，再经过惯性导航系统解算修正便能够输出高精度位置信息，满足自动驾驶的需求。

3.3　高精度地图技术

3.3.1　高精度地图技术特点与应用

高精度地图是一种精确度为厘米级且具备大量不同类型的交通相关静态信息的

电子地图。

高精度地图可以将大量行车辅助信息划分为道路数据和车道周边固定对象信息两大类，并对这两类数据信息进行结构化处理和存储。具体来说，道路数据主要包括车道线的位置、宽度、类型、坡度和曲率等车道信息；车道周边固定对象信息主要包括树木、防护栏、障碍物、车道限高、下水道口、高架物体、路边地标、交通标志、交通信号灯和道路边缘类型等信息。

一般来说，各项行车辅助信息均具有相应的地理编码，导航系统可以利用各项信息的地理编码来掌握地形、物体、道路轮廓等信息，并根据这些信息为车辆提供导航定位服务。高精度地图导航技术在汽车领域的应用能够将路面几何结构、道路标示线位置、周边道路环境点云模型等路面三维表征的精度提升至厘米级，从而为车辆中的自动驾驶系统利用来源于车载 GPS、车载雷达、摄像头和 IMU 等传感设备的相关数据信息对车辆进行精准定位提供支持。除此之外，高精度地图还能为车辆提供交通信号灯位置、交通信号灯类型、道路标示线类型、可行驶路面等诸多有价值的信息。

（1）高精度地图的特点

高精度地图与其他导航地图之间存在许多不同之处，主要体现在如图 3-15 所示的几个方面。

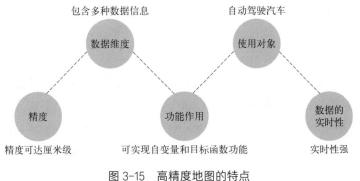

图 3-15　高精度地图的特点

① 精度。高精度地图的精度可达厘米级，如 Google 地图的精度为 10～20cm 级别，而一般电子地图的精度只能达到米级别，商用 GPS 的精度为 5m。

② 数据维度。高精度地图既包含车道线类型、车道宽度等车道属性数据信息，也包含树木、防护栏、高架物体、路边地标和道路边缘类型等多种目标数据，同时还能够实现对各类细节信息的精准辨别。而一般电子地图中只能体现出道路的形状、坡度、曲率、铺设和方向等数据信息，数据维度远低于高精度电子地图。

③ 功能作用。高精度地图中的数据具有高精度、高动态、多维度的特点，自动驾驶汽车可以借助高精度地图来实现自变量和目标函数功能。而传统地图相当于纸质地图，只能起到辅助驾驶导航的作用。

④ 使用对象。高精度地图中的各项数据是提供给自动驾驶汽车的地图数据，而一般电子导航中的数据是车辆驾驶员所使用的地图数据。

⑤ 数据的实时性。从更新频率上来看，地图中的数据可分为永久静态数据、半永久静态数据、半动态数据和动态数据四种类型。高精度地图中的各项数据大多为更新频率为 1 次 /min 的半动态数据和更新频率仅为 1 次 /s 的动态数据，具有实时性强的特点，能够在数据层面为自动驾驶汽车及时处理各类突发状况提供支持，充分确保车辆的安全性；而传统导航地图中的数据大多为更新频率在 1 次 / 月左右的永久静态数据和更新频率为 1 次 /h 的半永久静态数据，因此装配传统导航地图的自动驾驶汽车无法及时应对各类突发状况。

（2）高精度地图在自动驾驶中的应用

① 地图匹配。高精度地图匹配能够通过在地图中匹配大量先验信息的方式来有效防范由定位误差导致的车辆和周围地物之间的位置关系不准确的问题，从而实现对车辆的精准定位。

高精度地图中包含道路的形状、坡度、曲率、航向和横坡角等多个维度的数据，且能够利用高效率的匹配算法对这些数据进行处理，从而进一步提高定位精度和匹配精度。但传统地图需要借助 GPS 来进行定位，因此定位的精准度也会受到 GPS 精度、信号强度和定位传感器性能等因素的影响。由此可见，高精度地图拥有远胜于传统地图的定位精度。

② 辅助环境感知。传感器是自动驾驶汽车进行信息感知的主要设备，但当汽车处于一些较为恶劣的环境中时难以有效发挥作用，因此自动驾驶汽车需要通过高精度地图来了解自身的位置信息和当前所处位置的交通状况信息，并在此基础上厘清周边道路、交通、基础设施等各个交通参与对象之间的关系，实现对周边环境的精准高效鉴别。

高精度地图在静态物体检测方面能够打破环境和障碍等方面的限制，在不占用过多处理能力的情况下对所有的静态物体和半静态物体的逻辑和关系进行检测和存储，进而为车辆的自动驾驶提供支持。而传统地图并不会为正在行驶的自动驾驶车辆提供各类活动物体相关信息，因此使用传统地图的自动驾驶汽车无法有效避让各类活动的车辆、行人和障碍物，也难以保证行车安全。

③ 路径规划。高精度地图可以结合云计算技术及时获取路况信息，以便自动驾驶汽车根据这些信息随时制定最优路径，防止出现因最优路径变化造成的各类路

径规划问题。

高精度地图能够在道路和车道层面上为自动驾驶汽车的路径规划提供支持，同时高精度地图的路径规划是面向机器的路径规划，能够为自动驾驶汽车理解和执行规划中的内容提供方便。而传统地图通常借助最短路径算法来进行路径规划，能够向车辆驾驶员呈现出最短或最快捷的行驶路径，但自动驾驶汽车无法理解传统地图的路径规划。

总而言之，传统地图已经无法充分满足当前的自动驾驶汽车在导航、定位、环境感知和路径规划等方面的要求，高精度地图具有优于传统地图的性能，既能够基于特征地图对各项相关数据信息进行抽象、处理和标注，为自动驾驶汽车提供路网信息、道路属性信息、道路几何信息和标识物等多种抽象信息，也能充分发挥各项数据信息的作用，实现点到点的路径规划功能，并确保路径规划的精准度，为汽车实现安全稳定的自动驾驶提供支持。

3.3.2　自动驾驶的高精度定位技术

安全是自动驾驶的底线，对于 L3 及以上级别的自动驾驶来说，高可用的定位能力是保证驾驶安全的重要条件。这里的高可用性指的是定位结果要精准、定位架构要稳定、定位可以适用于多个场景以及可以实现实时定位。下面对不同级别的自动驾驶对定位的要求进行具体分析。

- L3 级别以下的自动驾驶定位采用的是"人+算法局部定位"与"算法全局定位"相结合的策略，因为有人类驾驶员参与，算法只起到辅助驾驶的作用，所以对局部定位以及全局定位的可用性提出了比较高的要求，基本可以在算法失效或者算法完全不可用的场景下保证驾驶安全。
- 在 L3 级别的自动驾驶中，自动驾驶系统的性能有了大幅提升，可以代替人类驾驶员进行很多操作，包括观察周边的环境、作出驾驶决策等，整个过程不太需要人类驾驶员干预。为了保证行驶安全，L3 级别的自动驾驶对定位的可用性提出了更高的要求。
- L4/L5 级别的自动驾驶基本不需要人类驾驶员参与，对定位系统定位的实时性、稳定性、精准性提出了极高的要求，要求自动驾驶定位系统可以应对卫星信号丢失、极端天气、网络中断、道路环境巨变等问题，实现全天候、高精准、高可靠、高实时性的定位。

目前，自动驾驶的定位系统采用的主要是 GNSS 与高精度地图相结合的定位方案，其中高精度地图可以记忆、存储各种路线，GNSS 可以对时空信息进行判断，二者相结合可以明确目的地，并自主规划行驶路线。具体来看，自动驾驶使用的高精度定位技术主要有三种，如图 3-16 所示。

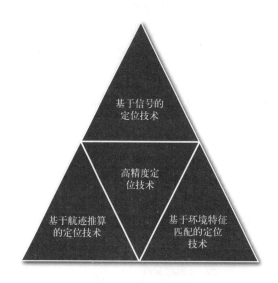

图 3-16　自动驾驶使用的三种高精度定位技术

（1）基于信号的定位技术

无论 GPS、伽利略定位系统还是北斗卫星定位系统，其定位精度只能达到 1～2m，无法满足 L3 及以上级别自动驾驶对定位精度的要求。为了提高定位精度，自动驾驶使用了载波相位差分（real - time kinematic，RTK）定位技术。

该技术的优点在于定位精度比较高，可以更好地满足高等级的自动驾驶对定位精度的要求，而且使用方便，可以覆盖全球，实现全天候定位。缺点在于：需要布设很多基站，成本比较高；信号传输容易受到电磁波以及周围遮挡物的影响；存在信号多径效应；现有的 4G 或者 5G 网络无法满足信号传输需求，导致定位系统的可用性比较差，定位精度不太稳定。

（2）基于航迹推算的定位技术

航迹推算指的是通过对运动中物体的移动距离与移动方向进行测量，与物体原来的位置相结合，推算出物体当前所处位置。在自动驾驶领域，如果车辆在行驶过程中遇到网络中断，无法接收 GPS/GNSS 信号，或者发生强烈的多径传播，导致定位不准等情况，可以通过车载传感器收集到的车辆行驶速度、行驶方向等信息来推算当前所在的位置。

目前，航迹推算最常用的就是惯性测量单元（inertial measurement unit，IMU）。该技术的优点在于不依赖外部信息，可以保证短时定位的精准度；缺点在于不适用于长时间的高精度定位,因为连续的方向与位置测量会导致定位结果出现较大偏差。

(3)基于环境特征匹配的定位技术

基于环境特征匹配的定位技术指的是通过实时测量获取环境信息,将其与数据库中的基准数据进行对比,从而获取车辆所在位置。在实际应用过程中,基于环境特征匹配的定位系统需要其他系统的辅助来获取车辆的初始位置信息,尽量降低实时采集到的特征测量值与预先采集到的基准数据发生多重匹配的概率,以便优化定位结果匹配,提高定位的精准度。

目前,自动驾驶领域常用的基于环境特征匹配的定位方案有两种:一种是以图像匹配为基础的定位方案,另一种是以激光点云匹配为基础的定位方案。

3.3.3　国外高精度地图的发展现状

高精度地图是伴随着自动驾驶汽车的快速发展而产生的一种全新的地图技术,专门为自动驾驶服务,是 L3 及以上级别的自动驾驶汽车必备的一项应用。对于自动驾驶汽车来说,高精度地图具有两大作用:一是辅助自动驾驶汽车规划行驶路径,为车辆提供实时的交通信息,为车辆定位、车辆决策提供充足的依据;二是当自动驾驶汽车行驶环境比较恶劣或者携带的传感器出现故障时,高精度地图可以使得车辆能够获得周围环境信息,在一定程度上确保行驶安全。

鉴于高精度地图对自动驾驶的重要性,该产业受到了车企、地图商、政府以及行业协会的广泛关注,并进入快速发展阶段,但由于目前相关的政策、法规并不健全,且技术标准尚未完善,高精度地图产业在发展的过程中仍然面临着许多问题。

早在20世纪80年代,德国、美国等发达国家就启动了自动驾驶汽车研究项目。美国发布自主地面车辆(ALV)计划,研发出一辆只依靠视频、激光和计算机自主行进的汽车,整个行驶过程不需要人工干预,但受各项技术的影响,这辆智能汽车的行驶速度非常慢,没有太大的应用价值。

由于自动驾驶汽车所需的技术过于复杂,再加上当时的技术条件有限,所以20世纪80年代至90年代,各国将研究重点转向了民用车辆的辅助驾驶领域。直到进入 21 世纪,随着芯片技术、人工智能、物联网、边缘计算等技术快速发展,各国才开始重新启动自动驾驶汽车的研究。

掌握了大量核心技术的德国汉堡公司对一辆帕萨特 2.0 进行改装,在前灯、尾灯处安装激光扫描仪,并在车内加装全球定位仪,赋予车辆一定的识别能力,让车辆在行驶过程中可以识别大约 180m 范围内的各种交通标识,可以根据收集到的信息实时构建三维道路模型，在复杂的城市道路中实现无人驾驶。

由此，人们认识到三维地图，尤其是三维高精度地图对自动驾驶的重要性，拉开了高精度地图研究的序幕。近几年，国内外的地图商以及汽车厂商在高精度地图研发领域均取得了不错的成绩。作为世界上最早开始研究自动驾驶，并在自动驾驶领域取得显著成就的国家，美国很早就启动了对高精度地图的研究，参与者不仅有以 Mapbox 为代表的传统导航地图企业，还有专注于自动驾驶研究的企业 Waymo、计算机与通信技术类公司 Mobileye 以及传统的汽车厂商福特等。美国高精度地图领域的初创企业数量达到了世界之最，所取得的成就也最为显著。

3.3.4　我国高精度地图的发展现状

我国对高精度地图产业的参与主体提出了较高的要求，原因有三点：

- 高精度地图产业的发展需要采集大量地理数据，而这些数据与国家安全密切相关，要求参与企业拥有甲级测绘资质以及导航电子地图资质；
- 高精度地图不仅需要采集大量地理数据，还要利用深度学习等技术对采集到的数据进行处理，对技术的要求比较高；
- 无论数据采集还是处理都需要大量人力、物力的支持，对企业的资金实力提出了比较高的要求。

目前，我国高精度地图产业的参与者主要是传统的地图商与部分高校，而主流地图商主要有三家，分别是百度旗下的长地万方、阿里巴巴旗下的高德地图和腾讯作为第二大股东的四维图新。这背后体现了互联网巨头在该行业的布局。

近几年，为了在高精度地图领域抢占先发优势，国内主流地图商通过自制或者购买设备采集地理数据，基本完成了对高速公路以及城市道路信息的采集，进入场景验证以及商业化应用阶段。但由于这些参与者基本处于各自为战的状态，因此在高精度地图采集方面既没有建立公认的合作采集平台，也没有对地图采集格式进行统一。

在制图方面，初创公司大多选择了众包制图。相较于专业采集模式来说，众包制图在动态地图信息采集方面表现更好，例如实时采集道路的拥堵状况、交通管制情况、天气情况、是否发生交通事故、交通事故发生的具体路段等。

另外，初创企业的资金实力比较差，无法满足高精度地图采集对资金的需求。再加上，初创企业往往没有甲级测绘资质和导航电子地图资质，无法独立采集并制作高精度地图，只能选择众包制图。

20 世纪末，已经发展成熟的 GPS 产品与方案进入我国视野，由此拉开了我国高精度导航卫星定位应用的序幕。之后，我国相关企业与机构积极引入国外的先进技术，同时加强自主研发与创新，推动现有的 GPS 技术与方案不断更迭，在气象预测、智慧农业研究、自然灾害监测、工程测绘等诸多领域推广应用。经过 20 多年的发展，我国高精度定位产业的创新能力不断提升，相关企业与产品开始进入国际市场，参与国际竞争。

在高精度定位方面，国内比较具有代表性的应用就是北斗地基增强系统。北斗地基增强系统是北斗导航卫星系统的重要组成部分，其创造性地在一个系统内集成米级、分米级、厘米级和后处理毫米级四类高精度服务，主要用于为北斗导航卫星系统提供增强定位精度和完好性的服务。

2014 年 9 月，我国启动北斗地基增强系统研制计划。截至目前，北斗地基增强系统已经形成由超过 2500 个地基增强站组成的全球规模最大、密度最高的北斗地基增强系统"全国一张网"，可以在全国范围内提供实时高精度定位服务，定位精度甚至可以达到毫米级。

随着北斗地基增强系统完成建设，北斗导航卫星系统开始落地应用，与 GPS、GLONASS 一起形成了三套导航卫星系统，极大地提高了定位精度，可以更好地满足智能网联汽车对定位精度的要求。

按照有关规定，高精度定位数据不能直接使用，在使用前要对坐标数据进行加密偏转处理，这一操作对自动驾驶高精度定位的影响尚不明确。新版偏转插件明确了审图标准之后可以进入市场，可以满足两大要求：

- 可以保证偏转之后的信号与加密之后的地图的匹配误差处于中误差 ±10cm 范围内；
- 可以满足现阶段自动驾驶的需求。

对于自动驾驶来说，安全问题永远要放在首位，而高精度地图定位的精准性对自动驾驶安全有着直接影响。虽然通过改善偏移算法、提高高精度地图定位的精准性可以满足自动驾驶对定位精度的要求，但这对偏移插件的性能有比较高的要求。如果偏移插件不符合功能安全技术要求，就无法保证定位精度，也就无法保证自动驾驶的安全。

第 4 章
车联网通信技术

4.1 车联网概念、内涵及架构

4.1.1 车联网的概念及内涵

近年来,随着经济快速发展,汽车保有量不断增加,不仅交通拥堵问题变得愈发严重,交通事故的发生率持续攀升,而且能源短缺、环境污染问题也亟待解决。作为智能汽车与互联网的集成体,智能网联汽车为这些问题的解决提供了有效方案。

智能网联汽车融合了很多先进技术,包括人工智能、大数据、云计算、计算机、微电子、自动控制、通信技术等,可以感知周围的环境,与周围的人、车、路侧基础设施进行信息交互,规划行驶路线,制定驾驶决策,实现控制执行等。在智能网联汽车的众多技术中,车联网技术是一项基础技术。

基于这一特点,车联网吸引了国内外车企、互联网企业以及通信企业的广泛关注,使得这些企业纷纷加大了在终端系统研发、相关标准与协议制定等方面的投入,致力于推动车联网技术实现落地应用。

车联网的概念源于物联网,是一种依托无线通信技术实现车辆、交通、路况环境等动态信息共享,并且这些信息能够为车辆所用的信息物理融合系统。车联网集成了智能感知、大数据计算等新兴技术,能够辅助实现车辆的自动化控制。车联网有巨大的发展潜力,对促进传统汽车产业技术创新与转型升级,提高交通运行效率,提升交通综合管理智能化、数字化水平有积极意义。

从整体架构来看,车联网主要由人、车、路、云、车对外界的信息交换(vehicle to everything,V2X)组成,其功能各有不同。其中人是车联网服务的使用者,车是车联网的核心,云是车联网云端服务能力的重要载体,V2X 是车与车、车与路、车与人、车与云开展信息交互的重要载体,这五大要素构成了"云、管、端"体系新架构,为自动驾驶的实现创造了一种端到端的综合解决方案,如图 4-1 所示。

V2X 指的是车辆与包括人、车、路在内的一切事物建立连接,进行信息交互,具体内容如图 4-2 所示。

- V2V(vehicle to vehicle):支持车辆获取周围车辆的相关信息,包括行驶方向、行驶状态等,避免车辆发生剐擦碰撞。
- V2I(vehicle to infrastructure):车与交通基础设施进行通信,包括交通信号灯、交通指示牌等,对路况信息进行实时、全面、准确的了解,确保行驶安全。

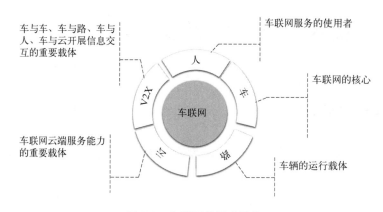

图 4-1　车联网的组成部分

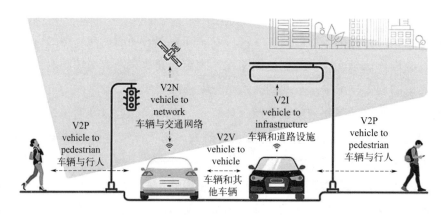

图 4-2　V2X 的具体内容

● V2P（vehicle to pedestrian）：车与道路上的其他对象（比如非机动车辆、行人）开展通信，并保证车辆的顺畅运行。

● V2N（vehicle to network）：车与应用平台或者云端进行通信，通过互联网访问应用平台或者云端上的服务。

车联网通过高效的信息传输，实现了车辆内部、车辆与互联网（或云平台）、车辆与车辆之间的实时数据交互。因此可以说，车联网是一个车内网、车云网与车际网"三网融合"的网络系统，如图 4-3 所示。

（1）车内网

车内网是一种基于控制器局域网络（controller area network，CAN）总线技术实现车内相关设备数据传递的整车网络，主要用于对车辆设备的监测和控制。车内网通过标准化的整车网络，能够使得与车辆状态和车辆控制等相关的信息在电子单元、电器之间进行高效传递，以便实时感知车辆的状态、对车辆进行智能控制以及及时诊断可能出现的故障。

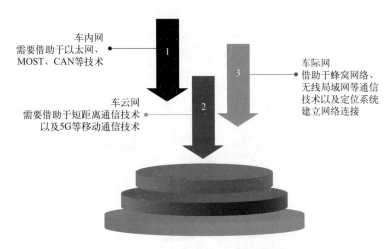

图 4-3 车联网"三网融合"系统

车内网的实现需要借助以太网、MOST、CAN 等技术,以以太网为核心,集成了动力总成模块、底盘控制模块、车身控制模块、娱乐模块以及 ADAS 五大模块,每个模块都有专属控制器,不仅能够实现相应的控制功能,而且还具备网关功能。车载网络总线结构如图 4-4 所示。

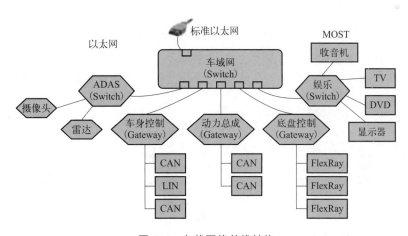

图 4-4 车载网络总线结构

(2) 车云网

车云网也叫作"车载移动互联网",是利用远程通信技术将车与互联网连接在一起形成的网络。从实现方式来看,车云网的实现首先需要借助短距离通信技术创建无线局域网或者域网,使得车辆成为移动终端;然后再借助 5G 等移动通信技术接入互联网,从而实现车与服务信息的相互传输。车载移动互联网结构组成如图 4-5 所示。

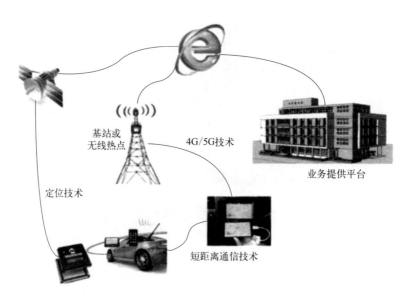

图 4-5 车载移动互联网结构组成

（3）车际网

车辆要实现智能行驶，保证行驶安全，除了需要具备强大的车内网络外，也需要依赖车际网络，即车辆与运行环境中其他相关的车辆、行人以及路侧单元等相互构建的移动自组织网络。

车际网的全称为"车载自组织网络（vehicular ad hoc networks，VANET）"，其可以借助蜂窝网络、无线局域网等通信技术以及定位系统建立网络连接，使得处于行驶状态的车辆能够获得数据接入服务。车载自组织网络结构如图 4-6 所示。

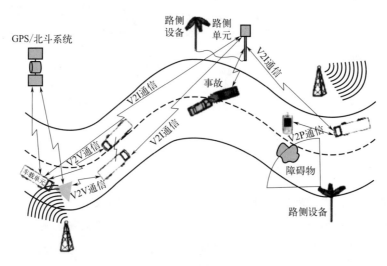

图 4-6 车载自组织网络结构

车际网是依托专用短程通信技术（DSRC）和LTE-V2X通信技术的动态网络。DSRC可以实现小范围内图像、语音等数据的实时双向传输，LTE-V2X主要实现传感数据的共享，二者都可以建立车辆与车辆之间的信息传递通道，从而辅助智能驾驶。

4.1.2 车联网功能架构体系

车联网可以整合多个渠道的信息，根据用户需求开发个性化应用，满足出行者对交通服务安全、便捷、环保的需求，辅助驾驶员对车辆进行智能控制，辅助交通管理部门优化交通管理，达到节能环保的目的。车联网的基础服务内容如图4-7所示。

图4-7　车联网的基础服务内容

除基础服务外，车联网在交通运输、IT、金融等领域也有诸多应用。这些应用展现了车联网在提高行业效能与交通服务质量，打造便捷、安全、绿色、环保的交通服务等方面的重要价值。

车联网是物联网在交通行业落地应用的具体产物。车联网从功能角度来看可以细分为三个层次，如图4-8所示，各层次的功能具体分析如下。

（1）数据感知层

数据感知层可以看作车联网的神经系统，集成了传感器、RFID、车辆定位等多项技术，可以对车辆自身以及道路交通信息进行全面感知。其中车辆自身包括车辆的控制系统及其他部件的运行状况，道路交通信息包括道路环境、车辆所处位置、附近其他车辆的运行情况等，为车联网提供真实、客观、丰富的终端信息服务。具体来看，数据感知层的数据来源主要包括以下几种。

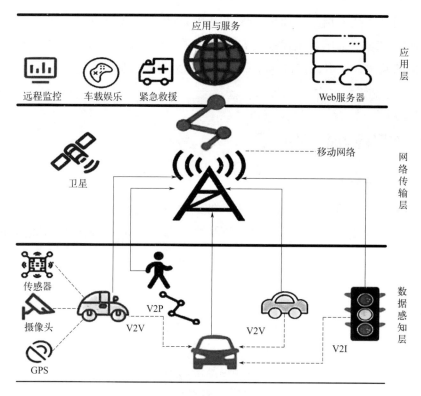

图 4-8 车联网的功能架构体系

- 来自车辆自身的数据,包括车辆的行驶速度、车辆行驶的加速度、车辆所处位置等。这些数据的获取需要借助车内总线、车载 GPS、车载雷达等设备来实现。
- 来自周围车辆的数据,包括周围车辆的位置、行驶方向、行驶速度、航向角等。这些数据的获取需要借助车间通信来实现。
- 道路数据,包括行驶道路的规划情况、道路中的车流信息以及交通信号状况等。这些数据的获取需要通过车路通信来实现。
- 其他数据,即其他可能影响车辆行驶的数据,比如天气数据等。这些信息需要通过相关的第三方应用或者车辆后台控制系统获得。

（2）网络传输层

车辆与道路、行人、云端以及其他相关车辆之间的信息共享,需要基于一定的通信协议。而网络传输层所制定的协议模型和搭建的网络架构,既能够满足通信环境的要求,也满足业务传输的需要。网络传输层通过整合数据感知层获得的多源异构数据,可以为应用层提供信息传输服务。此外,云计算等技术的应用,可以有效提高网络传输层的资源利用率和信息服务能力。

(3)应用层

车联网的应用层以现有的网络体系与网络传输协议为基础，集成了各种网络拓展功能。应用层的需求是驱动车联网快速发展的主要动力。具体来看，车联网的应用层涵盖了智能交通管理、交通事故预警、车辆安全控制等功能，支持用户查询车辆信息，获得信息订阅、事件告知等服务。同时，车联网的应用层还可以利用云计算平台为交通管理部门、汽车厂商、交通信息服务运营商、个体用户提供其需要的各种服务，实现车辆数据与道路交通数据的流通与共享，为新型商业模式与服务形态的诞生提供强有力的支持。

为了适应不同的信息传输环境，满足不同业务开展需求，车联网需要使用不同的通信技术，各种实体需要具备多元化的接入能力，例如 Wi-Fi、DSRC、4G/5G 蜂窝通信等。具体来看，路侧单元与后台可以使用光纤通信网络，行人、车辆可以采用蜂窝接入网络。在车联网环境下，为了保证行车安全，车与车、车与路、车与人需要开展实时通信，而且通信过程要避免受到其他因素的干扰，信息传输时延要尽量降至毫秒级，为此必须制定专用于车辆环境的通信标准，并开发相应的通信技术。V2X 就是专门用于车与车通信、车与路通信的一种技术。

4.1.3 车联网技术标准体系

智能网联汽车可实现环境感知、信息交互、智能决策、协同控制和自动控制等功能，其发展和应用有助于整个车联网行业实现高质量发展，同时也能够在一定程度上推动世界经济实现持续性增长。近年来，我国智能网联汽车行业迅速发展，相关技术不断升级，产业发展日渐深化，为了提高行业发展的规范性，智能网联汽车行业还需加大监管力度，建立相应的车联网技术标准体系。

2023 年 7 月，我国工业和信息化部、国家标准化管理委员会等部门联合发布《国家车联网产业标准体系建设指南（智能网联汽车）（2023 版）》，进一步完善车联网产业相关标准体系，提高标准体系在内容上的全面性和在逻辑上的清晰度，以便充分满足我国智能网联汽车当前的发展需求，在政策层面为智能网联汽车产业实现高质量发展提供支持。

从技术架构上来看，智能网联汽车标准体系呈现出"三横两纵"的特点，从横向上来看，整个标准体系大致可划分为智能感知与信息通信层、决策控制与执行层和资源管理与应用层；从纵向上来看，该体系主要包含功能安全和预期功能安全、网络安全和数据安全通用规范技术两项内容。

除此之外，智能网联汽车还融合了移动终端、基础设施、智慧城市、出行服务等方面的各项技术，能够与不同行业的技术协同作用，并在此基础上充分发挥智能网联汽车标准体系的作用，为行业发展提供指导，同时促进智能网联汽车行业以及各个相关行业实现协同发展。

智能网联汽车标准体系技术逻辑框架如图4-9所示。

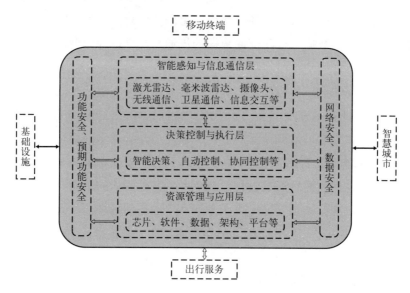

图4-9　智能网联汽车标准体系技术逻辑框架

《国家车联网产业标准体系建设指南（智能网联汽车）（2023版）》是最新版的标准体系建设指南。与之前的建设指南相比，其进一步完善了智能网联汽车基础、技术、产品和试验标准等方面的各项相关内容，并对通用规范、核心技术和关键产品应用进行了规范，为智能网联汽车行业的发展提供了指导，同时也有效提升了车联网产业标准体系架构在整体上的协调性。

从实际操作上来看，智能网联汽车行业需要在该建设指南的指导下，了解自身技术现状，明确产业当前以及未来的发展趋势，从我国国情出发，针对不同的发展阶段建立国际化的智能网联汽车标准体系：

- 第一阶段：到2025年，智能网联汽车标准体系应具备为车辆的驾驶辅助功能和自动驾驶通用功能提供支持的能力。智能网联汽车行业需要进一步优化完善各项相关标准，提高系统、应用、功能等方面的各项相关标准的规范性，这些标准主要涉及驾驶辅助系统、自动驾驶关键系统、网联基础功能及操作系统、高性能计算芯片及数据应用、功能安全、预期功能安全、网络安全、数据安全等内容，以便从技术、产业发展和政府管理等多个方面充分满足各项智能网联汽车标准化需求。

- 第二阶段：到 2030 年，智能网联汽车标准体系应具备为单车智能和网联赋能的协同发展提供支持的能力。智能网联汽车行业需要建立用于评估和动态完善标准实施效果的机制，以及安全保障体系、软硬件支撑体系和数据资源支撑体系，充分满足车辆在所有应用场景中的各项需求，如组合驾驶辅助、自动驾驶和网联功能等场景，并进一步提高各项相关标准法规的协调性和先进性，围绕智能网联汽车推动车、路、云三者实现协同发展，进而达到创新融合驱动的目的，提升不同领域之间以及国内与国际之间的协调程度。

4.1.4 车联网产业发展现状

对于自动驾驶来说，V2X 是一项非常重要的技术，因为它可以弥补车载传感器感知范围有限、感知距离较短等不足，提高车辆在大雾、暴雨、暴雪等恶劣天气状况下以及有遮挡的路口的感知能力，帮助车辆获取实时的路况信息、行人信息、道路信息等，避开交通拥堵路段，提高道路通行效率，保证行驶安全，为用户提供多元化的车载娱乐信息等。

虽然 V2X 最近几年才得到广泛关注，但却不是一项新技术。早在 1991 年，日本就开始对车联网技术进行研究，并创建了车辆信息与通信系统（VICS），该系统被评定为全球最成功的道路交通信息提供系统。

在 1999 年，美国开始了相关方面的研究。2004 年，美国电气和电子工程师协会（Institute of Electrical and Electronics Engineers，IEEE）基于 IEEE 802.11 协议开发车用无线通信系统，将开发成果命名为专用短程通信技术（dedicated short range communications，DSRC），为 V2X 技术的诞生奠定了基础。

我国对车联网技术的研究起步比较晚，直到 2009 年国内的车联网技术才开始发展，与此同时，V2X 技术进入快速发展阶段。在这个过程中，我国的相关企业与机构没有直接引入欧美国家的发展成果——DSRC 技术，而是另辟蹊径开发了基于 LTE 蜂窝网的 C-V2X（LTE-V2X）技术，而这一技术有望成为 V2X 领域的主流技术。

因为 LTE-V2X 诞生于 4G 网络环境下，在设计之初并未考虑车联网、自动驾驶等需求。随着 5G 实现规模化商用，智能汽车快速发展，以 4G 网络为依托的 LTE 技术不再适用。5G 通信在设计之初对这一问题做了充分考虑，尝试将 LTE-V2X 与 DSRC 相结合满足自动驾驶汽车在行驶过程中与周围的人、车、路的交互需求，保证车辆安全、高效地运行。

随着科学技术的快速发展和交通智能化需求的不断提高，智能网联汽车逐渐成为车联网产业发展的重要趋势和战略方向。我国陆续发布多项相关政策文件，为智能网联汽车产业的发展提供引导和支持。

2017年4月，科技部、工业和信息化部、发展和改革委员会联合发布《汽车行业中长期发展规划》，保障我国汽车产业健康、可持续发展；2018年1月，发展和改革委员会公布《智能汽车创新发展战略》征求意见稿，从顶层设计、战略谋划、标准规范和试点示范等多个方面推动我国智能网联汽车创新发展；2020年11月，国家智能网联汽车创新中心在世界智能网联汽车大会开幕论坛上发布《智能网联汽车技术路线图2.0》，进一步明确智能网联汽车发展规划；2023年7月，工业和信息化部等部门发布《国家车联网产业标准体系建设指南（智能网联汽车）（2023年版）》，推动智能网联汽车产业高质量发展。

4.2 车联网通信的技术路线

4.2.1 DSRC技术

专用短程通信（dedicated short range communication，DSRC）技术是一种无线通信技术，可以在车与车、车与路之间开展高效的数据传输，为信息传输创造一个低时延、高可靠性的网络环境。

DSRC技术的起源可以追溯至1992年，美国材料与试验协会（American Society for Testing and Materials，ASTM）最早开始研发DSRC技术；2002年，ASTM制定了E2213-02标准；2003年，E2213-02标准转变为IEEE802.11；2004年，IEEE以IEEE802.11标准为基础制定了新的车载通信标准——IEEE 802.11p；2007年，IEEE 802.11p标准逐渐稳定下来，成为目前DSRC使用的通信标准。但迄今为止，DSRC也没有形成国际统一的标准，除美国的这一标准外，欧盟、日本也有各自的标准。

（1）DSRC技术的主要特点

具体来看，DSRC是执行以IEEE802.11的Wi-Fi技术为基础通过改进形成的IEEE802.11p标准和IEEE1609标准的V2V和V2I通信协议，通信频段为5.9GHz，可以将车与车、车与路侧基础设施连接在一起开展双向通信，通信内容包括图像、文字、数据等，还可以将通信时延降至毫秒级，减少其他因素对通信过程的干扰，保证通信系统的可靠性与稳定性，并将车辆识别范围拓展至数百米。

下面对 DSRC 技术的特点进行具体分析，如图 4-10 所示。

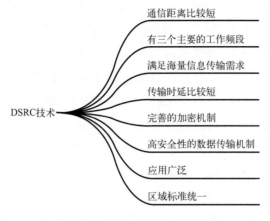

图 4-10　DSRC 技术的主要特点

- 通信距离比较短，一般在 10～30m 范围内，有效通信距离不超过 1km。
- DSRC 有三个主要的工作频段：一是 800～900MHz 频段，二是 2.4GHz 频段，三是 5.8GHz 频段。目前我国使用的是 5.795～5.815GHz ISM 频段。
- DSRC 的通信速率为 500Kbit/s 或 250Kbit/s，可以满足海量信息传输需求。
- 信息传输时延比较短，一般不超过 50ms。
- 拥有完善的加密机制和高安全性的数据传输机制。
- 可以在车队管理、信息服务、车辆识别、不停车收费等领域实现广泛应用。
- 在国内拥有统一的标准，不同类型的产品可以相互替代、相互兼容。

（2）DSRC 系统的基本结构

具体来说，DSRC 系统主要由以下三大部分构成，如图 4-11 所示。

图 4-11　DSRC 系统的基本结构

① 车载单元（on board unit，OBU）。安装在车辆嵌入式的车载通信单元内，以专用的通信链路为依托，按照通信协议的规定与路侧单元进行信息交互。

② 路侧单元（road side unit，RSU）。安装在道路两侧或者车道上方，可以与OBU开展实时通信，还可以利用光纤网络连接移动互联网设备，将收集到的信息传输至云端智能交通平台，并接收云端智能交通平台的数据处理结果。

③ 专用通信链路。主要由上行链路和下行链路组成，主要功能是实现OBU与RSU的信息交互。其中上行链路主要负责OBU到RSU的信息传输，辅助RSU读取OBU的信息；下行链路主要负责RSU到OBU的信息传输，辅助OBU读取RSU的信息。因此，为了满足V2X的通信需求，DSRC需要部署大量RSU，成本比较高，需要相关企业投入大量资金。

在有效通信距离内，车辆可以利用DSRC技术以10Hz的频率向周围的其他车辆发送信息，也可以接收到其他车辆发出的信息，了解其他车辆所处的位置、行驶速度、行驶方向等信息，在前方车辆突然制动、旁边车辆突然变道、交叉口有车辆突然驶出等情况发生时，通过语音提醒、方向盘振动、座椅振动等方式提醒驾驶员采取有效的应对措施，保证行车安全。

4.2.2　LTE-V2X 技术

C-V2X技术是在蜂窝网通信技术的基础上诞生的一种车用无线通信技术，不仅有适用于4G网络的LTE-V2X系统，还面向5G网络开发了5G-V2X系统，在现有的LTE网络的支持下实现V2X通信。C-V2X技术的可靠性比较高，信息传输时延比较短，可以更好地保证自动驾驶车辆的安全，应对更多更复杂的自动驾驶场景。

下面首先对LTE-V2X技术进行具体分析。

LTE-V2X技术是我国自主研发的V2X技术，是在分时长期演进（time division-long term evolution，TD．LTE）的基础上衍生出来的智能交通系统（intelligent transport system，ITS）解决方案。

LTE-V2X协议主要由物理层、数据链路层和应用层组成（如图4-12所示）。其中物理层位于最底层，功能非常丰富，包括提供帧传输控制服务、信道激活服务、失效服务等；数据链路层位于中间，主要功能是稳定地传输信息，防止信息在传输过程中丢失，并进行流量控制，为应用层提供准确无误的链路链接；应用层位于最上层，主要功能是根据数据链路层提供的服务实现通信初始化操作，释放程序，为用户提供广播服务，满足远程控制需求等。

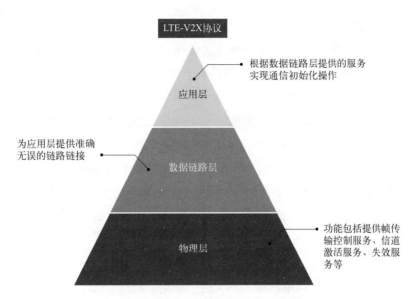

图 4-12　LTE-V2X 协议的主要组成

（1）LTE-V2X 的设备组成

从设备层面看，LTE-V2X 系统主要包括三大类设备，分别是用户端、路侧单元和基站（图 4-13）。

图 4-13　LTE-V2X 的设备组成

各部分的功能具体分析如下。
- 用户终端主要包括车辆相关的车载设备、用户的便携设备等。
- 路侧单元位于基站和用户终端之间，主要负责开展 V2I 通信。
- 基站的主要功能是满足 LTE-V2X 系统无线接入与控制需求，具备丰富的无线资源管理功能，包括对空中接口进行管理，对用户资源进行合理分配，接入控制、移动性控制等。基站通过车载 GPS 与卫星地面站开展通信。

（2）LTE-V2X 主要技术指标

LTE-V2X 的主要技术指标包括网络传输的可靠性、网络传输时延、数据传输速率、通信覆盖范围、用户密度、网络的安全性等。具体来看，在数据传输速率方面，上行峰值速率为 500Mbit/s，下行峰值速率为 1Gbit/s；在网络传输时延方面，安全类时延不能超过 20ms，非安全类时延不能超过 100ms；数据传输的可靠性要尽量达到 100%；覆盖范围不能小于 LET 的覆盖范围，支持车辆移动速度不能低于 280km/h，在 5G 环境下支持的车辆移动速度不能低于 500km/h。

（3）LTE-V2X 系统通信方式

LTE-V2X 系统的通信方式有两种：一种是广域集中式蜂窝通信，也就是 LTE-V-Cell 蜂窝，是在现有的蜂窝技术的基础上进行扩展的结果，主要为传统的车联网远程业务提供网络支持，满足 V2X 服务器与终端设备之间海量数据传输需求，需要使用 LTE-Uu（UTRAN-UE，接入网 - 用户终端）接口；另一种是短程分布式直通通信，也就是 LTE-V-Direct 直通，引入 LTE-D2D（Device-to-Device，端 - 端），可以在不借助路侧设备的情况下直接开展 V2V、V2I 通信，主要为车辆主动安全业务提供网络支持，需要使用 PC5 接口（直连通信接口）。

LTE-V-Direct 的网络传输时延比较短，可以满足多台设备同一时间的通信需求，无须基站或者路侧设备的辅助就可以工作，不仅可以减少网络节点，让系统结构变得更加简单，而且可以降低通信时延，保证网络通信的可靠性，降低网络部署成本与维护成本。

（4）LTE-V2X 安全认证技术

对于自动驾驶来说，安全十分重要。因为 LTE-V2X 系统主要服务于自动驾驶汽车，而自动驾驶汽车上路行驶的速度比较快，所以需要建立安全机制来保障使用者的信息安全，防止使用者的信息被非法窃取。此外，LTE-V2X 系统还需要具备身份认证管理、个人隐私保护、信息加密、异常用户检测、安全机制更新等功能，以满足车辆在高速行驶状态下的认证需求与数据安全传输需求。

LTE-V2X 的安全认证机制有两种：一种是集中式管理机制，主要用于传统联网系统，可以很好地保证使用者的信息安全，但如果管理的车辆比较多，可能会导致网络传输时延比较长；另一种是分布式管理机制，使用起来比较灵活，可以作为集中式管理机制的补充，与集中式管理机制协作共同保障使用者的信息安全。

4.2.3　5G-V2X 技术

C-V2X 技术主要涉及 LTE-V2X 和 5G-V2X 两项技术。其中，LTE-V2X 指的是

基于 4G 网络的车联网通信技术，具有成熟度高、应用范围广等特点；5G-V2X 具有传输速度快、可靠性强、通信范围大、定位精度高、数据传输时延低等诸多优势，从部署情况上来看，也已经初具规模。随着 5G-V2X 技术的不断发展，未来，C-V2X 将逐渐从 LTE-V2X 转化为 5G-V2X，并为智能网联汽车的通信提供更强的支持。

5G 具有高速率、低时延和大连接的特点，能够快速传输数据信息，满足人们对高速网络的需求。C-V2X 是一种基于蜂窝网络的车联网通信技术，能够为车辆与车辆、车辆与行人以及车辆与路侧基础设施之间的信息交互提供支持，有助于进一步提高行车的效率和安全性。5G-V2X 中融合了 5G 技术，能够支持车辆实现与其他车辆、行人、云端以及路侧基础设施之间的信息交互。

从设计上来看，5G-V2X 能够充分发挥 5G 网络的作用，并利用 5G 网络来满足智能汽车在通信方面的各项需求，同时也可以与 LTE-V2X 和 DSRC 技术相融合，进一步提高行车的安全性和高效性。

（1）5G-V2X 的特点

5G 技术的应用影响着车辆的自动驾驶情况。5G 网络可以凭借低时延的优势高速传输高清视频信息，以便驾驶员在遇到紧急情况时根据这些信息采取减速制动等操作，及时规避危险，进而达到提高行车安全性的目的。

具体来说，5G-V2X 主要具备以下几项特点：

● 高速率：充分发挥毫米波频谱的作用，实现超高速的数据传输，并提供大数据分析和高清视频传输服务。

● 低时延：将端到端数据传输的时延降低到毫秒级，大幅提高信息反馈的实时性，充分满足车辆的紧急预警需求。

● 大连接：可同时接入大量智能交通相关设备设施，提高智能交通系统的覆盖范围。

● 高可靠性：具有多样化的通信模式，如蜂窝式、直接式等，且可使用不同的频段，如 6GHz、毫米波等，能够有效提高链路预算增益，增强智能网联汽车在通信方面的抗干扰能力。

（2）5G-V2X 的应用领域

从本质上来看，5G 网络切片可以按照服务需求（如带宽、时延、安全性、可靠性等）将物理网络划分成多个虚拟网络，并利用这些虚拟网络来满足各种网络应用场景的需求。5G 网络切片技术在智能网联汽车中的应用能够有效增强自动驾驶的稳定性。

具体来说，5G-V2X 主要应用于以下几个领域：

- 智能驾驶：智能网联汽车可以借助 5G-V2X 实现与其他车辆和路侧基础设施之间的协同控制，提升行车效率，同时也为实现安全行车提供保障，并为实现部分自动驾驶、有条件自动驾驶和高度自动驾驶提供支持。
- 智能交通：智慧交通系统可以利用 5G-V2X 来获取各项交通信息，如实时路况、道路信息和行人信息等，并充分发挥这些信息的作用，进一步提升自身在导航规划、拥堵管理、交通信号控制等方面的能力，以便为各个交通参与者提供更好的服务。
- 智慧出行：智慧出行系统可以借助 5G-V2X 向智能网联汽车的驾乘人员提供多种现代化服务，如车载娱乐、远程诊断、共享出行平台等，进而提升用户出行的便捷度，优化用户体验。

5G 在汽车领域的应用有效促进了自动驾驶技术的发展。对于智能网联汽车来说，可以综合运用 5G 和 C-V2X 技术，实现对各项所需数据信息的实时收发，同时也能够提高环境感知的精准度和自动驾驶的安全性。不仅如此，5G 和 C-V2X 技术的融合还能够支持车辆与云端进行信息交互，让车辆可以借助云端的大量资源来实现更多功能，为用户提供更加多样化的服务，同时也能够更好地实现自动驾驶。在车联网领域，5G 和 C-V2X 技术有着十分广阔的发展空间和应用前景，但同时也需要解决通信安全、实时数据处理等方面的各项难题。未来，各项相关技术将进一步发展，相关政策和法规也会越来越完善，5G-V2X 技术的应用将大幅提高智能网联汽车的通信能力，推动智能网联汽车行业快速发展。

4.3　5G 车联网整体解决方案

4.3.1　车联网面临的技术挑战

随着 5G 通信技术在交通领域的深化应用与智能汽车产业不断发展，车联网产业也表现出了强势的发展劲头，中国车联网产值将实现大幅增长。交通领域移动互联网生态的构建与完善，为汽车智能网联升级提供了良好机遇，车、路、云相互协同的车联网时代正在到来。

车联网集成智能传感器、RFID 射频识别、自动控制、大数据等技术，通过相关通信协议接入，能够实现车云网、车际网与车内网等各个层面数据的互联互通。车端与车辆、用户、云平台及其感知系统等场景的信息交互，通常是以无线网络通信的方式实现的，这一过程中，物联网技术发挥了重要作用。

车载设备作为车联网的重要端口之一，有着拓扑节点的性质，对通信的稳定性与可靠性有着更高的要求。由于车辆的移动速度较快，在其通信过程中可能会出现网络切换频繁、网络拓扑变化快、通信环境干扰因素多，甚至超出信号覆盖范围的情况，上述情况不仅影响车辆自身的通信，也为车联网与车辆的顺利连接带来了挑战，如图 4-14 所示。

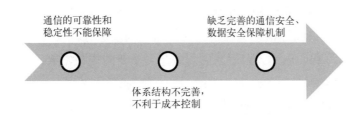

图 4-14 车联网面临的技术挑战

（1）通信的可靠性和稳定性不能保障

车联网涉及感知设备、移动设备、车载设备等多种端口的接入，由于要进行不同的通信协议转换，网络融合并不完善，数据传输效率可能会受到影响。目前广泛应用于仿真测试的 IEEE 802.11p 车辆自组网协议虽然有着较高的数据传输速率，能够快速适应信道的突发性变化，但在视距范围外复杂的通信环境下容易受到干扰，导致通信质量下降。同时，对于数据传输中的时延问题，也亟须提出有效的解决方案。

（2）体系结构不完善，不利于成本控制

为了满足交通领域各种应用场景的多样化通信需求，逐渐形成了复杂的车联网体系结构。在车联网的运行过程中，相关感知系统所采集到的交通信息和车辆信息，通过车载自组织网络（VANET）的接入端口［路侧单元（RSU）］上传至云平台，实现车端、路段、云端的信息交互，因此需要配置一定规模的 RSU。无论是改造现有基础设施，还是将 RSU 纳入新建道路的规划中，都必然带来较高的资金、能源成本。

（3）缺乏完善的通信安全、数据安全保障机制

车联网的各个层面都可能存在数据安全风险，例如在感知层，车载单元和路侧单元的相关设备可能存在被盗等物理安全风险；在网络通信层，云平台或车载系统可能受到黑客攻击，造成用户信息或交通信息的泄露、数据被破坏或篡改等严重后

果；在应用层，也可能存在管理人员或运营人员违规操作、越权操作，或其他因监管机制不完善带来的数据安全隐患。

在车联网的发展过程中，其体系结构优化、通信效率及安全性一直受到社会各界的普遍关注，而 5G 通信技术的运用能够为解决上述问题提供思路。5G 通信融合了灵活的帧结构设计、毫米波技术、大规模天线阵列、网络切片、超密集组网等创新技术，可以大幅提高数据传输效率，降低时延，能够适应车辆的高移动性需求，有效解决传统通信模式中存在的问题，使车载单元与路侧单元更好地发挥其效能，从而促进车联网体系结构的优化。同时，随着 5G 技术的普及与物联网技术的成熟，通信基站、天线等相关基础设施的改造将同步进行，5G 通信在交通领域的应用也将进一步深化，从而为车联网的发展起到重要的推动作用。

4.3.2 5G 车联网的应用优势

5G 网络基于其在天线技术、基站设计、组网设计等方面的创新，使得通信效率显著提高，大大扩展了其应用范围。在车联网场景中，与原来的 IEEE 802.11p 标准组网协议相比，5G 移动通信的优势主要表现在低时延与高可靠性、频谱和能源高效利用、更加优越的通信质量等方面，如图 4-15 所示。

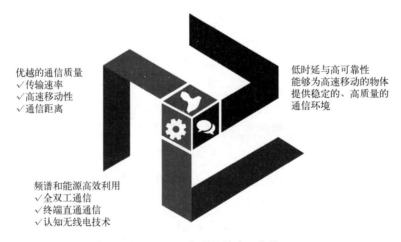

图 4-15　5G 车联网的应用优势

（1）低时延与高可靠性

基于驾驶安全方面的考虑，智能网联汽车对车联网中车端、路端、云端之间数据传输的实时性有着极高的要求，在通信方面，既有极高的传输效率要求和严格的时延限制，还要求有海量数据承载力。对于传统的通信技术，其带宽、时延等远远无法达到车联网顺利运行的标准。

而 5G 的三大应用场景之一——低时延高可靠性通信（uRLLC），其优势可以在车联网领域得到充分发挥。5G 通过超密集组网技术、基站及核心网的功能重构、切片技术创新等途径，使时延降低到毫秒级，大大扩展了带宽容量，能够为高速移动的物体提供稳定的、高质量的通信环境，有效满足车联网信息传输的高可靠性、低时延、大带宽要求。可以说，5G 技术是车联网进一步发展的重要突破口，它为各种交通信息的有效传输奠定了通信基础。

（2）频谱和能源高效利用

5G 通信的优势还表现在提高无线频谱利用率、提升不同通信模式下的终端用户体验方面；在车联网场景中，则能够解决车联网通信频谱资源受限的问题，使通信资源得到充分利用。以下几项技术可作为具体实现途径：

① 全双工通信。5G 通信的技术突破之一在于克服了自干扰、功率控制等难题，实现了稳定的全双工（full duplex）通信，使处于相同频段信道的不同终端之间、终端与基站之间可以同时接收和发送信息，大大提高了频谱使用效率。

② 终端直通通信。终端直通通信（device-to-device，D2D）是 5G 通信的关键技术之一，是指两个对等终端间的数据传输无须基站中转，可以直接进行通信。D2D 主要是通过蜂窝资源复用来实现的，它可以有效减轻基站数据传输负担，提高频谱利用率，扩大网络容量，提高用户间数据传输速率。在车联网应用场景中，它能够实现邻近车载单元、5G 移动终端的自组网通信多渠道接入，从而提高通信效率，节约成本。

③ 认知无线电技术。认知无线电技术（cognitive radio）也是 5G 通信运用到的重要技术之一，其最大的特点在于能够动态地自主改变传输功率、载波频率等相关参数，选择并接入空闲频谱资源，从而实现了对有限频谱资源的高效利用。这一技术在车联网应用场景中可以实现快速的通信接口切换，满足了不同端口的频谱需求，为车联网数据传输提供了稳定的、高可靠的通信环境；同时，通过车载终端可以实现与授权用户的频谱资源共享，进一步优化频谱资源分配。

此外，5G 基站的大规模天线阵列配置也可以一定程度上节约频谱资源。在车辆自组网中，5G 车载单元如果能够尽快发现邻近终端设备并与之建立通信链路，就能够节约通信过程中的能源消耗。

（3）优越的通信质量

5G 通信网络基于其高带宽、大数据承载量、低时延等优势特点，从理论上来说，能够充分满足车联网领域的服务质量（quality of service，QoS）要求。相关研究机构正在测试并寻找在不同应用场景中的最优通信频段，以提供高质量的通信服务。其中，30～300GHz 的毫米波通信系统有着较大的应用潜力，不仅有着较高的数据传输速率和极大的带宽，还可以有效减少环境干扰，提高终端间连接的稳定性。5G 车联网相比传统的组网通信，其优势主要表现在以下几个方面：

① 传输速率。从理论上来说，5G 的最大传输速率可以达到 1Gbit/s，在车联网通信中，无论是下行还是上行链路，都可以实现高速率的数据传输，从而实现高精度地图查询、高质量的音视频通信服务等。

② 高速移动性。5G 可以支持车辆在以 350km/h 的速度行驶下的通信，其移动通信性能相比 IEEE 802.11p 标准通信有了巨大进步，为未来自动驾驶、车辆的远程操控提供了技术基础。

③ 通信距离。5G 技术下的最大通信距离约为 1000m，其传输稳定性、准确率都大大优于现有移动通信技术，能够有效解决传输中断、数据丢失、障碍物对信号遮挡等问题。

4.3.3　5G 车联网关键技术

随着 5G 网络的大规模部署和应用深化，可以构建多层次、多渠道网络相互融合的 5G 车联网体系结构，并依托 D2D 技术、认知无线电技术、物联网技术、网络切片技术等技术创新，满足车联网高效率、高可靠的通信需求，充分利用频谱资源，提供多样化、高质量的 V2X 通信服务。5G 车联网可以共享 5G 通信的相关资源，而无须单独部署基站、天线等基础设施，同时便于运营商进行通信服务计费，提供多样化的通信服务。5G 车联网可以在城市、乡村、高速公路等多种场景中顺利运作，推动智慧交通、智慧城市建设。

下面对 5G 车联网的关键技术进行简单分析。

（1）RSU 部署

第三代合作伙伴计划（3rd generation partnership project，3GPP）标准显示，路侧单元（road side unit，RSU）是支持车对外界的信息交换（vehicle to X，V2X）的消息接口，能够为车辆实时采集和传输各项交通信息和路况信息提供支持。同时，我国工信部也对 RSU 的占用网络带宽、最大发射功率和覆盖范围做出了规定。

RSU 中融合了 5G，能够实现 5G 通信、搭载云平台等多种功能，同时也能够与大网实时互动，为上层应用平台获取、分析和处理数据提供强有力的支持。不仅如此，5G 与蜂窝车联网（cellular-vehicle to everything，C-V2X）的综合应用也能够进一步扩大网络覆盖范围，助力车辆实现直联通信，进而充分确保智能交通业务的连续性。

在兼具 RSU 和 5G 蜂窝网络的密集城区中，一个基站能够为 4 个 RSU 进行信息传输提供支持。与此同时，RSU 也能够以格式转换、结构化等方式对雷达和摄像头等路侧感知设备进行处理，以便及时回传、处理和分析各项信息，并在此基础上实现一些较为基础的业务应用。

（2）边缘云

边缘云（mobile edge computing，MEC）是一项在无线网络边缘发挥作用的数据计算技术，具有大带宽、低时延、本地化等特点，能够借助平台功能下沉来拉近与移动用户之间的距离，进而达到降低网络操作的复杂度和服务交付的时延的目的。

MEC 可以通过在网络边缘就近处理和下发数据的方式来降低时延、网络回传压力以及所需数据带宽，能够充分满足车联网对网络的时延、带宽和可靠性的要求，是车联网领域广泛应用的一项重要技术。

从部署方式上来看，MEC 可分为边缘级、区域级和地区级三种类型。

① 边缘级。边缘级 MEC 位于基站和回传网络之间，且大多部署在站点机房、无线接入机房等靠近基站的位置上。

② 区域级。区域级 MEC 位于汇聚环和接入环之间的传输设备的用户网络侧接口（user network interface，UNI）处，能够对基站流量进行分流和疏导。

③ 地区级。地区级 MEC 位于核心层，既能够为大面积分流业务提供相应的服务，也能够处理待覆盖范围中的接入环孤岛问题，是解决跨地域网络传输覆盖问题的有效方法，但同时也存在时延较大的不足之处。

车联网业务具有丰富度高、数据量大、复杂性强等特点，各项业务对网络的需求也存在较大差异。为了进一步提高车联网业务的效率，降低网络时延，汽车行业需要针对实际业务需求构建包含全局、边缘和路侧的多级业务平台，同时模块化处理凭条功能，并提高各项功能的灵活性。

● 全局云平台：具有强大的数据处理功能，能够在紧急救护、保险服务、地图服务和车辆远程监控等全局的交通管控工作中发挥重要作用。

● 边缘云平台：能够充分确保业务处理的实时性，并以智能化的方式对红绿灯和交通拥堵等局部交通情况进行有效管控。

● 路侧云平台：能够与 RSU 平台协同作用，完成对即时业务的处理，并利用来源于路侧摄像头等路侧感知设备的数据信息来实现滤波通行、十字路口防碰撞等路口交通管控功能。

智慧交通不仅能够将业务和管理划分到不同的层级当中，还能够支持各级平台互联互通，为上下级平台之间的信息传递和资源动态配置提供支持，同时也能够在十字路口、高速公路等多种场景中有针对性地部署 RSU，并在此基础上对各项平台功能进行模块化处理，构建平台互动场景库，以便在上层边缘云平台中实时配置 RSU 平台的各项功能。

（3）基础设施信息化

近年来，5G、大数据、人工智能等新兴技术飞速发展，数字孪生也逐渐进入人们的视野当中，汽车和交通领域开始广泛应用这些先进技术来提高设备的智能化程度，并通过应用数字孪生等技术在虚拟空间中完成各项任务，利用数据驱动、软件管理和平台运营等方式获取物理空间中的信息和资源，进而达到提高信息采集效率以及优化资源配置和行为决策等效果。数字孪生化的交通基础设施信息化如图 4-16 所示。

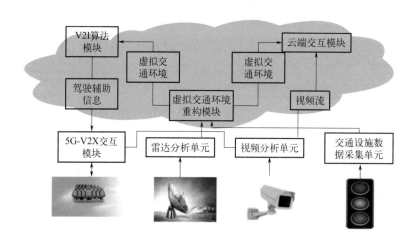

图 4-16　数字孪生化的交通基础设施信息化

除此之外，各类车联网设备还存在数据格式缺乏一致标准的问题，行业内部需要制定统一的协议转换标准和信息结构化处理要求，以便在云端完成对各项基础设施的数字孪生映射。

（4）人工智能与大数据

智慧交通可以充分发挥交通数据的作用，通过利用人工智能工具对交通环境中的各项交通数据进行分析处理的方式实现实时决策和控制。数据即服务（data-as-a-service，DaaS）是一项基于大数据技术的服务，具有速度快、实时性强、预测能力强等特点，能够助力交通行业实现深度交通管理，为智慧交通的发展提供助力。人工智能是整个智慧城市的核心决策部分，具有智慧性强的特点，能够有效推动智慧交通快速发展。

（5）高精度定位

为了充分确保车辆定位精度能够达到智慧交通在各种场景、环境和业务中的车联网业务要求，汽车行业应在汽车中集成多种定位方法和相关技术。首先，无线信号测量设备可以为车辆提供卫星信号、蜂窝网信号和局域网信号的原始观测值，并利用三角算法对这些信号进行处理，进而获取定位信息；其次，惯性导航可以借助陀螺仪和加速度计来采集车辆的加速度、角速度等数据；再次，传感器可以通过雷达、摄像头等设备来获取点云信息或图像信息，并在此基础上充分发挥地图数据的作用，在地图匹配过程中得出实际定位信息；最后，基于相关算法对来源于不同设备的定位信息进行综合处理，能够最大限度提高定位的精准度，进而达到充分满足智慧交通的车联网业务需求的目的。

4.3.4　5G车联网解决方案

车联网的业务场景具有以需求为基础且多样化的特点，能够有效确保行车的安全性和便捷性。随着交通参与者、出行方式和交通环境越来越多样化，车联网中的业务也开始逐渐向数字化和智能化的方向发展，因此各方应积极参与共建行业平台，以便为人们提供多种多样的智慧交通业务服务。一般来说，业务应用大多与出行主体和出行需求相对应，且可以划分为作用于车端、作用于路侧和作用于服务区三大类应用。其中，作用于车端的业务应用包括无人驾驶、辅助驾驶、编队行驶等；作用于路侧的业务应用包括路况实时监测等；作用于服务区的业务应用包括智慧服务区、电子不停车收费（electronic toll collection，ETC）等。

由此可见，汽车行业和交通行业可以通过总结归纳和学习应用中国联通的实际经验的方式来制定业务案例的解决方案。

（1）智慧路况监测

在路况监测业务中，智慧路况监测能够在限速预警、拥堵提醒、绿波通行、车内标牌、闯红灯预警、恶劣天气预警和道路施工预警等多种场景中发挥重要作用。具体来说，汽车行业和交通行业既可以充分发挥以5G和C-V2X为基础的智能路况监测平台中的流量分析、智慧执法、道路环境监控和基础设施故障监控等功能的作用，也可以利用智能路侧设备来获取路面积水、路面结冰、车道异物、隧道实景、施工维护、事故提醒、雾霾天气和车速管控等交通路况信息，还可以借助5G网络把以上各项信息传输到云平台中，以便利用这些信息实现实时分析和有效决策，同时也可以在网络层面为车辆和行人获取信息分析结果提供支持。

交通管理部门可以利用智慧路况监测中的违章抓拍、交通事件预警、道路精准监控、路段环境同步监测、智能交通流量分析、可变限速信息发布，以及迅速响应指令的下发和执行等功能来优化交通管理，进而有效缓解交通拥堵问题，降低交通事故的发生率，提高通行效率，达到大幅提高交通出行的安全性和高效性的效果。

从构造上来看，智能路况监测平台主要包含三部分，如图 4-17 所示。

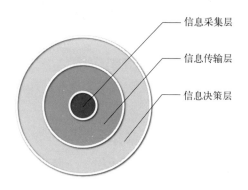

图 4-17　智能路况监测平台的主要组成部分

① 信息采集层。以摄像头、微波检测器、气象站、智能红绿灯和电子路牌等路侧设备为工具实时采集各项交通路况信息，并借助这些信息及时发现道路特殊事件，同时进行有效的交通管控。

- 摄像头：用于采集车辆、行人和障碍物信息。
- 微波检测器：用于获取交通运行状态信息。
- 气象站：用于获取天气信息和路面条件信息。
- 智能红绿灯和电子路牌：用于感知信号灯显示情况和获取道路限速提示等信息。

② 信息传输层。以 5G 网络和 LTE-V2X 为渠道进行信息传输，支持车、路、云三者之间进行信息交互。

③ 信息决策层。主要由 MEC 平台和中心云平台两部分构成。其中，MEC 平台可以在网络层实时分析低时延业务，并迅速为其提供相应的决策；中心云平台位于远端，能够广泛采集和整合多种类型的信息，对车辆的行驶路径进行整体动态规划和管控，同时也能够管理、控制和分析各项驾驶行为信息。

（2）智慧高速编队行驶

智慧高速编队行驶就是许多汽车以车队的形式在高速专用道路上列队行驶。一般来说，整个车队中的领队车辆需要有人驾驶或具备在一定条件下自动驾驶的能力；车队中的其他车辆则需要是具有实时信息交互能力的自动驾驶汽车。

（3）远程驾驶

从构造上来看，融合了 5G 技术的远程驾驶系统主要由远程车端、产品和 5G 终端三部分构成。其中，产品中包含雷达、摄像头等设备，具有高精度定位功能。

具体来说，车辆的驾驶舱主要包含以下几个组成部分：

- 显示屏：多块显示屏互相连接，形成一块能够对驾驶员正前方视野进行模拟的大显示屏；
- 驾车控制组件：具有远程车辆控制功能，能够对汽车进行远程控制；
- 网络传输层：可以充分发挥网络切片和服务质量（quality of service，QOS）保障的作用，利用无线网和核心网连接车端设备和驾驶舱，在网络传输层面为双方的信息交互提供支持。

远程驾驶网络解决方案如图 4-18 所示。

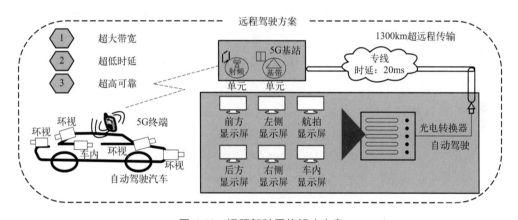

图 4-18 远程驾驶网络解决方案

从实际操作方面来看，远程驾驶汽车主要需要完成以下几项操作：

① 远端车体中需装配 5 路 1080p 的摄像头，并利用该摄像头实时采集前方、后方、右侧、左侧、航拍（全景）和车内的视频信息，同时将这些视频实时显示到驾驶舱屏幕上。

② 汽车中的驾驶员座位一侧应装配有显示屏和驾车控制组件，显示屏可以实时接收和呈现来自车端的信息，为驾驶员掌握车况和路况等信息并据此作出相应的决策提供支持，驾车控制组件可以获取驾驶员操作信息，并借助网络将这些信息实时传输至车端，进而实现对智能汽车的远程控制。

5G 车联网的应用不仅限于交通领域，在商业领域也能发挥重要作用。例如，可以在酒店、餐厅、便利店、4S 店、加油站等场所配置用于 Ad-Hoc 网络连接的移动终端设备，当车辆进入终端的有效通信范围时，可以迅速与这些场所建立连接，并结合车载终端的语音交互功能，使驾乘人员能够快捷、及时地获取相关订餐、订房或商品优惠信息，从而大大拓展了车联网的服务应用场景。随着通信网络架构的不断完善，可能带动基于车联网的新的运营模式产生，促进交通线沿线商业区域的发展。

5G 车联网基于其通信特性，可以将服务功能拓展到自然灾害应急响应、辅助突发事件处理等方面。例如，在区域内的通信设施受到地震、泥石流等自然灾害破坏的情况下，5G 车载单元能够以多跳方式与其他车载设备建立 D2D 通信。同时，车载终端本身也可以发挥通信中继功能，协助区域内相关终端设备的信息交互，基于有限的通信协作，可以在灾后的混乱状态下组织起一批救援力量，协助分发应急物资，促进救援信息、灾情信息的共享，提高抗灾救援效率。

随着车联网技术的不断发展，其服务范围将不再仅限于交通领域，而是向着商业、社会服务等领域不断扩展，在促进交通管理、车辆行驶智能化的同时，也将深刻影响与改变人们的生活。

第 5 章
计算机视觉感知技术

5.1 计算机视觉的原理与任务

5.1.1 计算机视觉的概念与原理

视觉是生理学领域的词汇，主要指物体的影像刺激视网膜产生的一种感觉。依靠视觉，人类和动物可以感知眼前物体的大小、形状、颜色等信息，由此获得对机体生存具有重要意义的各类信息，对于人类来说视觉是最为重要的一种感觉。除了盲人这一群体外，绝大多数人每天至少有 80% 的外界信息是通过视觉获得的，与听觉、嗅觉、触觉和味觉相比，视觉的重要性可见一斑。视觉不仅对人类至关重要，对于动物这一群体亦是如此，动物也是通过视觉信息来了解周围世界的，凭借这些信息来得知周围世界如何以及怎样与世界交互。

自计算机问世以来，众多科学家和工程师一直致力于研究各种方法来让计算机能够看到并理解视觉数据。因为在计算机视觉未出现时，图像之于计算机而言仅仅是一串数据、一份文件，只有让计算机读懂图片，人工智能才能在现实世界发挥更加重要的作用，所以半个世纪以来，如何让计算机拥有视觉成为计算机领域的一项重要课题，也正因为在这方面有了足够多的关注和研究，才产生了"计算机视觉"这一领域。

文字与图像是构成网页的基本元素，在互联网中搜索文本还是比较简单的，但如果要搜索图像则相对复杂，因为算法要了解图像所包括的内容。在没有足够先进的技术来帮助计算机读懂图像和视频内容时，只能够凭借人工标注的方式来描述图像或视频。因此，当下计算机领域面临的一个关键问题就是图像信息的理解问题，不仅要使计算机读取图像、视频，还要让它理解内容，充分利用图像数据或视频数据。

（1）计算机视觉概述

计算机视觉（computer vision，CV）的出现有助于解决计算机读懂图像或视频内容这一问题。作为人工智能领域的分支，它涉及诸多领域，如图像处理、模式识别、深度学习等，其主要过程就是使机器依靠数字图像等视觉信息来模拟人类视觉，从而实现对物体的识别、理解、分类、跟踪以及重建等。图 5-1 所示为计算机视觉的基础研究。

事实上，CV 主要就是指利用摄影机与计算机来替代人的眼睛对目标进行识别、跟踪与测量等，然后通过图形处理获取更便于人眼观察或传送给仪器检测的图像。举例来讲，图片里所描绘的是牛还是马？图片里的人是小明还是小红？视频里发生了什么事？CV 所研究的相关理论与技术正尝试搭建一种更高级的人工智能系统，即在图像或多维数据中获取高层次信息。

图 5-1　计算机视觉的基础研究

所有的关于 CV 的理论和技术研究的终极目标都是让计算机可以自主适应环境，能够如人眼一般通过视觉来观察和理解世界。不过真正达成这一目标属实极为艰难，因为即使图像极为高清、与我们人眼所见图景极为近似，对于计算机而言不过是像素值的排列组合，是一串串数字而已，所以接下来 CV 要解决的问题便是如何使计算机在这些枯燥的数字中读到有价值、有意义的视觉线索。

（2）计算机视觉的工作原理

CV 若想要准确识别出图像，需要进行大量的数据训练，通过一次次地运行数据分析才能够完成辨别与识别。举例来讲，如果要训练计算机识别冰箱，那么就要在计算机中输入大量的冰箱图像，以及类似于冰箱的图像来帮助计算机学习差异，最终准确识别出冰箱。这种训练现在通常通过卷积神经网络（convolutional neural networks，CNN）来完成，当下很多前沿的科学研究及落地应用基本都是依靠深度学习的 CV。

基于深度学习的卷积神经网络在辨别图像时会先对物体的硬边缘和大体形状进行识别，继而在预测迭代的过程中再进行信息的填充，就如同人在远处观察图像一般。它会把图像拆解成标签的像素以帮助深度学习模型"观察"，使其通过标签来进行卷积，最后对相关内容进行预测。神经网络最终会对卷积进行检查，通过迭代来检验其预测是否准确，当预测逐步成真时会以近似人类的方式来查看图像。

5.1.2　任务 1：图像分类

图像分类是计算机视觉中最基础的一项任务，属于模式分类问题，其目的是把不同图像划分至不同类别，由此达成分类误差的最小化。图像分类主要是通过计算机来定量分析图像，将图像里的各区域或像元划分至某一类别中替代人类视觉识别。

常见的图像分类技术主要有四种，如图 5-2 所示。

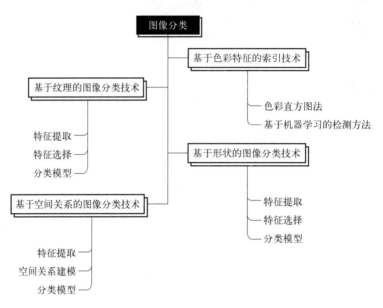

图 5-2　常见的图像分类技术

（1）基于色彩特征的索引技术

这种技术主要是凭借色彩特征来区分物体，常用的方法是色彩直方图法。这是在图像检索中最简单且使用最广泛的方法，只比较颜色直方图即可。还有一种方法是基于机器学习的检测方法，该方法需要训练分类器来区分不同类别的图像，通常所用的分类器有随机森林（Random Forest）和支持向量机（support vector machines，SVM）等。

（2）基于纹理的图像分类技术

在计算机图形中，纹理既包括凹凸不平的表面的沟纹也包含光滑表面的彩色图案，其作为图像的重要属性，在计算机图像处理中占有极为重要的位置。纹理特征主要用来描述图像纹理信息，其包含灰度共生矩阵（gray-level co-occurrence matrix，GLCM）、方向梯度直方图（histogram of oriented gradients，HOG）等。根据这些纹理特征可以获取纹理的周期性、方向性、粗糙性以及强度、密度等，以此来识别和划分图像。

基于纹理的图像分类技术方案主要有以下三个步骤。

① 特征提取。利用合适的纹理特征来描述纹理信息，如 HOG 属于通过图像梯度强度和梯度方向来描述方向纹理特征的方法；GLCM 是通过灰度级之间的关系来描述纹理特征的方法；而局部二值模式（local binary pattern，LBP）则是通过像素点周围的二进制编码来描述局部纹理特征的方法。

② 特征选择。在选择特征时主要用到的方法有线性判别分析（linear discriminant analysis，LDA）与主成分分析（principal component analysis，PCA）等。通过对提取的纹理特征的筛选可以降低特征空间的维度，还可以消除原有特征间的相关度，减少数据信息冗余，便于分类。

③ 分类模型。进行模型分类需要选择好所用的分类模型或分类器，用来映射提取的纹理特征与图像类别，决策树、支持向量机以及 K 近邻算法是在进行分类时常用的分类器。

（3）基于形状的图像分类技术

这项分类技术主要依靠图像的轮廓特征、边缘特征、区域特征等形状特征来描述图像形状信息。目前基于形状的图像分类技术的应用领域较为广泛，例如，在智能安防领域该技术可以帮助识别监控视频中的人脸、物体和场景，对异常行为进行预警。

基于形状的图像分类技术方案主要有以下三个步骤。

① 特征提取。利用轮廓特征、区域特征以及边缘特征等来描述图像中的形状信息。轮廓特征主要用于提取图像里的轮廓信息，比如对图像的平移、旋转和缩放具有不变性的 Hu 不变矩特征；边缘特征则可以利用 Canny 边缘检测算法等来提取图像中的边缘信息；区域特征则可利用小波矩等提取图像中的区域信息。

② 特征选择。与基于纹理的图像分类技术中的特征选择相似，利用线性判别分析法等来对提取的形状特征进行选择，以此降低特征空间维度，提升分类性能。

③ 分类模型。进行模型分类需要选择好所用的分类模型或分类器，用来映射提取的形状特征与图像类别，决策树、支持向量机以及 K 近邻算法是在进行分类时常用的分类器。

（4）基于空间关系的图像分类技术

这项分类技术主要是通过图像中每个区域间的空间关系来对图像进行描述与分类的，适用于图像标注、物体识别以及场景分类等领域。

基于空间关系的图像分类技术方案主要有以下三个步骤。

① 特征提取。利用自动分割等方法提取图像中颜色、纹理或形状等区域特征。

② 空间关系建模。按照上一步所提取到的特征，利用关系图模型等方法对不

同区域间的空间关系进行建模。

③ 分类模型。进行模型分类需要选择好所用的分类模型或分类器，用来映射提取的空间关系特征与图像类别，卷积神经网络、支持向量机是在进行分类时常用的分类器。

5.1.3 任务2：目标检测

目标检测，亦称目标提取，作为计算机视觉领域的重要研究方向之一，它可以从图像中准确地识别和定位出不同类别的目标物体。与前文所谈到的图像分类相比，其难度更大，因为它要准确识别目标物体的位置与数量，不过实用性也更强，可以对目标进行识别、分析与追踪，能够提高系统的自主性，促进决策的智能化。目前该技术在自动驾驶、无人机等诸多领域得到广泛应用。

当前常用的目标检测模型有以下三种：

① Faster R-CNN。Faster R-CNN 是截至目前，R-CNN 系列算法的最杰出产物，其前身是 R-CNN 和 Fast R-CNN。作为基于深度神经网络的目标检测模型，它主要是先对背景、待检测物体进行二分类，使用神经网络生成待检测框，再对待检测框内待检测物体进行分类，由此实现了端到端训练，大幅提高了检测速度。

② YOLO。全称为 you only look once，指只需浏览一次便能够识别出图像中物体的类别和位置，也被称为单阶段模型。其预测是基于整个图像的，且会一次性输出所有检测到的目标信息，包括类别和位置。

③ SSD。全称为 single shot multi box detector，single shot 指明了 SSD 属于单阶段检测模型，multi box 说明了 SSD 是多况预测。这种检测模型主要通过卷积神经网络对图像进行特征提取，之后取不同的特征层进行检测输出，由此来检测不同尺度的目标。

目标检测适用于众多场景，例如：

- 自动驾驶：通过对交通信号灯、道路标志、行人以及其他车辆的检测与识别来加强驾驶的自主性；
- 无人机：通过对无人机飞行区域内目标物体的识别与跟踪来完成智能控制与导航；
- 智能安防：通过目标检测来监控限定区域内的车辆与行人，对目标物体进行识别与追踪；
- 医疗诊断：通过对医学图像内肿瘤等异常物体的识别与定位来协助医生诊疗；

- 工业制造：通过对生产产品的检测与分类来提升产品品质，提高生产率。

目标检测常用的评价方法有平均精度值（mean average precision，mAP）和交并比（intersection over union，IoU）等，主要性能指标有召回率、准确率等。前文介绍了不同的目标检测模型和算法，在具体应用时可根据不同场景选用不同模型来完成检测任务。

5.1.4 任务3：目标跟踪

目标跟踪（visual object tracking）也属于计算机视觉领域的重要问题，主要是利用视频或图像序列的上下文信息，对目标的外观和运动信息进行建模，从而达成对目标位置、形态等信息的实时追踪，由此实现自动化控制和智能化分析。目前该技术广泛应用于安防监控和无人机、无人车、体育赛事转播、智能交通等领域。

目标跟踪算法主要有三种，如图 5-3 所示。

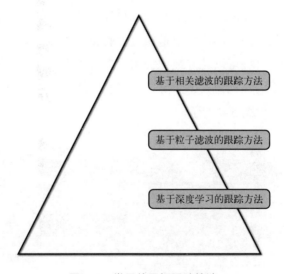

图 5-3　常用的目标跟踪算法

（1）基于相关滤波的跟踪方法

该方法的主要思路就是先设计一个滤波模板，之后利用这一模板与目标候选区域做相关运算，通过最大输出响应的位置来确定目标所在当前帧的位置。主要的相关滤波算法有峰值信号比相关滤波（peak to correlation energy ratio，PCER）和均值归一化相关滤波（mean normalized correlation，MNC）。相关滤波算法中的跟踪框是固定的，当目标尺度相对于摄像头变大或变小时，会影响算法的跟踪准确度。

（2）基于粒子滤波的跟踪方法

该方法是一种基于粒子分布统计的方法，主要通过在目标物体周围随机生成一些粒子来进行模型预测，之后利用观测到的信息来更新粒子权重，最后以权重最高的粒子位置代表目标物体位置。粒子滤波算法主要包含粒子滤波（particle filter，PF）和卡尔曼滤波（kalman filter，KF）。

（3）基于深度学习的跟踪方法

该方法主要通过深度学习算法来提取目标特征，之后依据目标在上一帧的位置来预测其当前帧的位置。目前深度学习在目标跟踪这一领域的应用还存在训练数据缺失等问题，这是其要进行下一步发展需要攻克的一个难题。当前深度学习跟踪算法主要有 CNN（convolutional neural network，卷积神经网络）和 RNN（recurrent neural network，循环神经网络）等。

5.1.5　任务 4：图像分割

图像分割（image segmentation）是计算机视觉领域中的一项重要基础技术，也是图像理解中比较关键的一环，主要是通过关联图像中各像素与类标签来推理出图像的高层语义，使计算机可以较好地理解相关场景。它在视频监控、场景理解、医学图像分析、图像压缩、机器人感知等领域有着广泛的应用。根据不同的任务，图像分割可分为三类，如图 5-4 所示。

图 5-4　图像分割的分类

(1)语义分割(semantic segmentation)

语义分割与前文介绍的图像分类、目标检测不同,它既可以识别图像中的物体,也能够分配标签给每一像素,由此帮助计算机进行更加详细和更为准确的理解。它的主要目标是把输入图像中的每一个像素标记为某一特定的语义类别适用于要对图像进行较细化分割或是像素级的分类的场景。这一分割方式目前在地理信息系统的土地分类、自动驾驶汇总的道路分割以及医学图像中的病变分割等场景中得到了广泛应用。

目前比较典型的语义分割模型有 FCN、DeepLab、U-Net 等。FCN 模型解决了语义级别的图像分割问题,是提出较早且得到广泛使用的一个语义分割模型,对输入图像的尺寸没有要求,它把全连接层转换为卷积层,利用反卷积层进行采样,最终达成端到端的像素级分类;U-Net 模型是基于深度学习的分割算法,是在 FCN 的基础上构建的,其 U 型结构弥补了 FCN 的弊端,运行速度快,适合对实时性要求高的场景;DeepLab 模型主要利用了空洞卷积等技术,能够控制输出特征图的分辨率,达成运行时间与准确率的平衡。此外,近年来随着技术的进步,一些新的语义分割模型开始出现,其在精度及效率方面都有着不俗的表现,例如 DeepLab V3+、PSP-Net 等。

(2)实例分割(instance segmentation)

语义分割做到了将每个像素都按照其所在的对象类进行标记。实例分割是在此基础上的进一步发展,它为属于同类对象的每个物体提供了不同的标签,不仅可以将不同类别的物体分割出来,还可以将其精确地分割成像素级别的区域。实例分割适用于医学图像中的器官分割、遥感图像中的建筑物分割、自动驾驶中的行人和车辆分割等对图像进行精细分割且区分不同物体的场景。

当前较为常用的实例分割模型主要有 Mask R-CNN、FCIS 等。Mask R-CNN 模型能够做到同时进行目标检测与实例分割,它沿用了 Faster R-CNN 的思想,采用了 ResNet-FPN 的架构,增加了 Mask 预测分支,可谓集各方之所长。FCIS 模型运用了 RoI pooling 等技术,是首个全卷积、端到端的实例分割模型,为实例分割提供了准确、简单、快速的框架,可以做到在不附加计算量的同时完成目标检测与实例分割。

(3)全景分割(panoptic segmentation)

与以上谈到的语义分割和实例分割不同,全景分割任务技术为图像中每个像素点都分配了语义标签和实例 ID,语义标签表示的是物体的类别,实例 ID 表示的是同类物体的不同编号。因此,也可以理解为全景分割是语义分割和实例分割的结合,是集以上两者之所长的最优方案。

全景分割技术所采用的这种语义标签和实例 ID 相结合方式会有发生冲突的时候，也就是当发生物体间像素重叠的情况时，该技术会将物体实例放在首位，主要进行物体识别而放弃背景识别。

5.1.6 任务 5：影像重建

影像重建主要是指利用物体外部测量的数据，通过处理和重构来获得三维物体的信息。这项技术最开始应用于医疗设备之中，用以显示人体各部分的图像，即 CT 技术。随着技术的成熟，影像重建开始逐渐在智能安防以及遥感图像等领域得到广泛应用。

影像重建在各领域的应用都取得了较为良好的效果：在医学影像领域可以辅助医生对病人做出更加准确的诊断以防延误病情，这一点在 CT（computed tomography，电子计算机断层扫描）、MRI（magnetic resonance imaging，核磁共振成像）等方面都有着较好的体现；在智能安防领域可以帮助提高监控画面的识别度与清晰度，能够有效保证监控效果；在遥感图像领域可以帮助提高遥感图像的分辨率，辅助环境监测以及资源管理，完成相应任务目标。

目前常用的影像重建技术主要有三种，如图 5-5 所示。

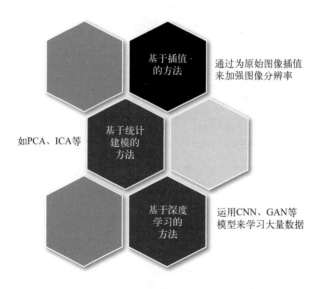

图 5-5 常用的影像重建技术方法

（1）基于插值的方法

该方法主要通过为原始图像插值来加强图像分辨率，是较为简单的一种方法。

(2) 基于统计建模的方法

该方法主要通过利用相关统计分析方法对样本进行统计建模来重建图像，比如主成分分析（principal component analysis，PCA）、独立成分分析（independent component analysis，ICA）等统计分析方法。

(3) 基于深度学习的方法

该方法主要通过运用卷积神经网络（convolutional neural networks，CNN）、生成对抗网络（generative adversarial network，GAN）等模型来学习大量数据，继而进行图像的重构。这是目前最先进的影像重建方法中的一种，经过实践在各类任务中均取得了不错的效果。

计算机视觉作为计算机的"眼睛"，是计算机感知客观世界的核心技术。随着该领域的持续发展，未来其将为人工智能行业的发展奠定坚实的基础。

5.2 基于深度学习的目标检测算法

目标检测（object detection，OD）是计算机视觉技术中的一项基础技术，主要应用于无人驾驶、人脸识别等领域。目标检测与图像分类、图像分割等技术具有一定的相似之处，但其侧重于从图像或视频中找出所需的内容并进行标记。由于目标检测技术的底层逻辑在于提取对应特征并进行识别定位，因此其重点在于所采用的算法，算法设计水平的不同也就直接决定了目标检测效果的高低。

1998 年，"目标检测"概念诞生。截至目前，目标检测技术所常用的方法包括 Hog 特征 +SVM 算法、Hear 特征 +Adaboost 算法等。这些方法均是先提取目标特征，然后由分类器进行特征识别。在目标检测算法研究前期，由于相关技术发展的限制，传统算法通常以手工设计的特征为基础，并辅之以大量复杂特征表示和特征加速技巧。因此，这种传统的算法也具有明显的弊端，比如，特征定位不够清晰明确，需要提取的特征较多，筛选的效率较低，应用效果不佳；候选区域的生成难度大，应用成本极高。

近几年，伴随深度学习技术的进步，目标检测算法也有了明显突破。以深度学习技术为基础的目标检测算法可以大致分为基于无锚点类模型和基于锚点类模型。其中，基于锚点类模型的目标检测算法以卷积神经网络（convolutional neural networks，CNN）为基础，其运算逻辑为：首先，根据预先设定的锚点生成相应的候选框；然后，分类并定位这些候选框。

基于锚点类模型的目标检测算法在发展的过程中衍生出了二阶段算法和单阶段

算法两种不同的算法。这两种算法各有优劣。其中,二阶段算法需要先生成候选框,因此其目标检测的精度相对更高,适用于需要精准检测的场景;而单阶段算法不需要生成候选框,因此其检测速度更快,更适用于移动平台的部署场景。

5.2.1 单阶段目标检测算法

由于不需要生成候选框,因此单阶段目标检测算法直接进行定位回归,检测效率更高。目前,最具有代表性的单阶段目标检测算法有 SSD 算法及其系列、YOLO 算法及其系列。

(1) SSD 算法

SSD 算法的结构如图 5-6 所示。从图中可以看出,其基础网络为 VGG-16。由于其底层算法卷积神经网络能够按其阶层结构对输入信息进行平移不变分类,因此 SSD 算法通过应用特征金字塔预测的方式检测尺寸不同的目标。

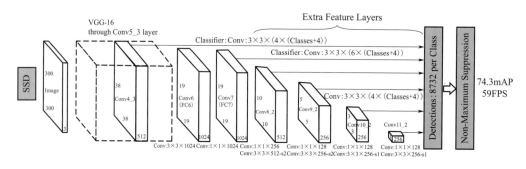

图 5-6　SSD 算法的结构

虽然 SSD 算法采用了多层预测方法,但该算法仍然具有一定的局限性。比如,其基础仍然是回归模型,因此可能无法收敛;层层递进会导致后面感受野的信息量逐渐增多,在具体的应用过程中难以维持较高的检测精度。

(2) YOLOv1 算法

YOLOv1 算法的网络结构如图 5-7 所示。从图中可以看出,YOLOv1 算法首先需要处理图像的尺寸等,然后进行目标提取检测。与 Faster R-CNN 等算法相比,YOLOv1 算法在检测速度方面具有明显的优势,但定位精度与检测精准度不够理想。

(3) YOLOv2 算法

YOLOv2 算法的主干网络结构如图 5-8 所示。YOLOv2 算法的特点主要体现为以下几点:

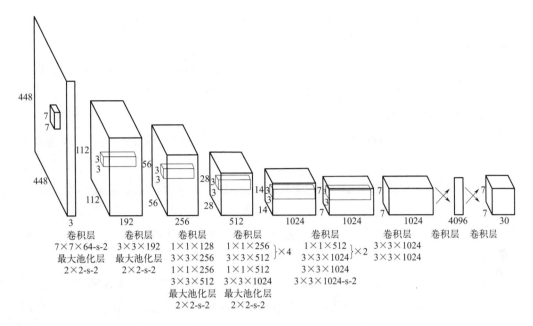

图 5-7 YOLOv1 算法的结构

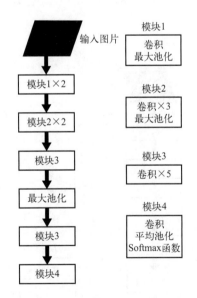

图 5-8 YOLOv2 算法的主干网络结构

- 与 YOLOv1 算法相比，YOLOv2 算法的基础网络有所不同，采用了 DarkNet19 分类网络；
- 与 YOLOv1 算法相比，YOLOv2 算法不使用全连接层而借助锚点框对边界框进行预测；

- YOLOv2 算法不使用 dropout 操作，而在卷积层之上添加批量标准化（batch normalization，BN）操作。

YOLOv2 算法的特点使得其平均精度值（mean average precision，mAP）以及在 PASCAL VOC 2007 数据集上的检测精度均有了不同程度的提升。

（4）YOLOv3 算法

YOLOv3 算法的网络结构如图 5-9 所示。YOLOv3 算法的特点主要体现为以下几点：

- YOLOv3 算法采用了类似 FPN 的方法进行多尺度预测，更适用于小目标检测；
- YOLOv3 算法不再沿用 Softmax 函数，取而代之的是多个独立的逻辑分类器；
- 与 YOLOv2 算法相比，YOLOv3 算法的基础网络中引入 DarkNet53；
- 与 ResNet101 算法相比，YOLOv3 算法的模型中共包含 106 层网络，检测精度更高。

YOLOv3 算法的特点使得其在 MS COCO 数据集上的检测精度有了明显的提升。

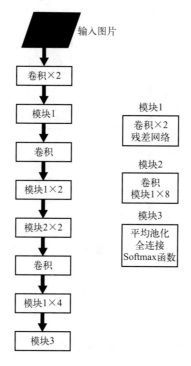

图 5-9　YOLOv3 算法的主干网络结构

（5）YOLOv4 算法

YOLOv4 算法的网络结构如图 5-10 所示。由于综合运用了 DropBlock 规范化、Mish 激活函数、跨小批量规范化、加权残差连接等多种不同的方法，YOLOv4 算法的优势更加明显，可以兼具多种出色的目标检测算法的调参技巧。

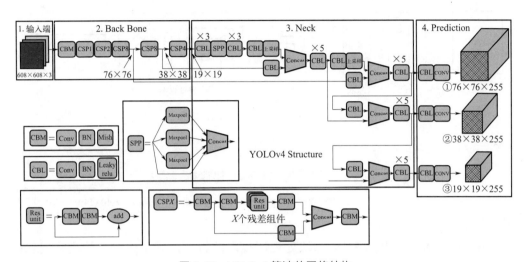

图 5-10　YOLOv4 算法的网络结构

从图中可以看出，YOLOv4 算法的主干网络为 CSP Darknet53。在此基础之上，YOLOv4 算法在特征融合方面采用 PANet，而在感受野改善方面利用金字塔模块。这些使得 YOLOv4 算法在 MS COCO 数据集上的检测速度和检测精度均有比较出色的表现。

（6）Retina-Net 算法

Retina-Net 算法虽然是一种单阶段目标检测算法，但其检测精度可以与某些二阶段目标检测算法相媲美。由于采用了 focal loss 损失函数，因此其在 MS COCO 数据集中 mAP 能够达到 40.8%。与其他的单阶段目标检测算法相比，Retina-Net 算法的检测速度较慢，但仍快于某些二阶段目标检测算法。

5.2.2　二阶段目标检测算法

二阶段目标检测算法，顾名思义该算法的运作过程可以划分为两个阶段，这是一类基于回归的算法。二阶段目标检测算法的第一个阶段为基于设定的策略生成锚点框，第二个阶段为处理锚点框并进行回归定位。具有代表性的二阶段目标检测算法如下。

（1）R-CNN 算法

R-CNN 算法的基本实现流程如图 5-11 所示。

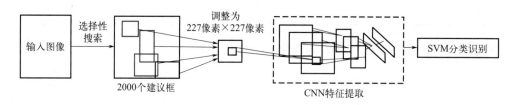

图 5-11　R-CNN 算法的实现流程

- 第一阶段：基于选择性搜索生成相应的建议框（数量为 2000 个左右），调整建议框的尺寸（数值为 227pixel×227pixel），并将建议框加入 AlexNet，经过特征提取后便能够得到对应的特征图。
- 第二阶段：利用 SVM 算法处理所提取的特征，并生成对应的类别向量；与此同时，采用非极大值抑制处理生成的分值。在这个过程中，为了进一步提升目标检测的精确度，使用回归法对矩形框进行调整。

R-CNN 算法不仅是第一个能够达到工业级精度的二阶段目标检测算法，也是深度学习技术与目标检测相融合的里程碑。其使得目标检测算法有了质的飞跃，测试集的检测精度得到了明显提升，比如使得 PASCAL VOC 2007 测试集的 mAP 提升了约 31%。

（2）SPP-Net 算法

SPP-Net 算法的实现流程如图 5-12 所示。与 R-CNN 算法相比，SPP-Net 算法的第一阶段省略了基于选择性搜索生成候选框并调整尺寸的操作，以避免候选框的重复计算和缩放图像带来的信息损失。在 SPP-Net 算法的实现流程中，SPP 层置于最后一个卷积层与全连接层之间，由此卷积操作之后才可以得到特征向量，因此操作更加简单便捷。

（3）Fast R-CNN 算法

Fast R-CNN 算法的实现流程如图 5-13 所示。从图中可以看出，输入图像后基于 ROL 可以生成卷积特征图，然后经过感兴趣区池化层（ROI pooling layer）便能够与全连接层连接。此外，Fast R-CNN 网络的输出可以分为两层，其一为借助 Softmax 函数获得类别分布，其二为定位框的回归。

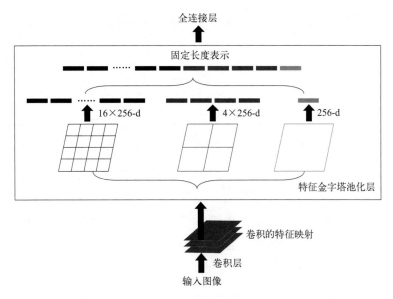

图 5-12　SPP-Net 算法的实现流程

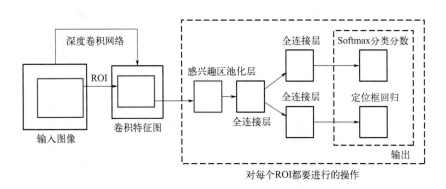

图 5-13　Fast R-CNN 算法的实现流程

在 Fast R-CNN 算法中,感兴趣池化层与金字塔池化层有一定的相似之处,不过其相对来说更加简单,能够直接将获得的导数传输至骨干网络。而且,与 R-CNN 算法相比,Fast R-CNN 算法中的深度网络中已经包括提取特征后的分类和边界框回归操作,因此其训练速度和测试速度均更有优势。

不过,Fast R-CNN 算法也存在明显的问题:其一,候选框仍然沿用了 R-CNN 算法的选择性搜索,速度即使有所提升也离实时性需求相差甚远;其二,计算方面仍然沿用 SPP-Net 的各模块单独运算,计算量依然十分庞大。

(4) Faster R-CNN 算法

Faster R-CNN 算法的实现流程如图 5-14 所示。从图中可以看出,Faster R-CNN

算法添加了区域建议网络，因此在网络训练速度方面有了明显提升。

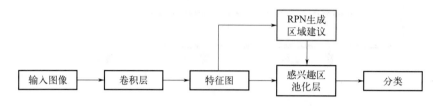

图 5-14　Faster R-CNN 算法实现流程

从上述算法的名称可以看出，R-CNN 算法、Fast R-CNN 算法、Faster R-CNN 算法三者为同一体系的不断进阶。这三者的具体对比如表 5-1 所示。

表5-1　R-CNN、Fast R-CNN、Faster R-CNN对比

模型	使用方法	缺点	提升
R-CNN	1. 生成候选区域 2. 使用深度网络提取特征 3. 判定特征所属类别 4. 修正候选框位置	1. 检测速度慢 2. 训练过程复杂 3. 训练所需空间大	1. mAP 从 34.3% 提升到 66% 2. 使用选择性搜索生成候选框，并加入卷积神经网络结构
Fast R-CNN	1. 生成候选区域 2. 获得相应的特征矩阵 3. 基于特征图得到预测结果	1. 沿用选择性搜索，耗时较长 2. 目标检测的实时性不够理想 3. 生成区域建议依赖于 CPU	1. mAP 从 66% 提升到 70% 2. 训练和测试速度得到提高
Faster R-CNN	1. 获得相应的特征图 2. 将生成的候选框投影到特征图上获得特征矩阵 3. 基于特征图得到预测结果	1. 目标检测的实时性不够理想 2. 生成区域建议的计算量仍然巨大	1. 通过卷积网络生成候选框只需要 10ms 2. 训练和测试速度进一步得到提高 3. 实现端到端的目标检测结果

（5）R-FCN 算法

R-FCN 算法的实现流程如图 5-15 所示。从图中可以看出，为了解决 R-CNN 算法体系在 ROI 计算量方面的问题，R-FCN 算法添加了位置敏感分数图，由此使得基本全部的计算权值都能够在图像中共享。此外，位置敏感分数图还可以基于感兴趣区池化层进行信息采样等操作。与 R-CNN 算法相比，R-FCN 算法进一步提升了 PASCAL VOC 2007 测试集的 mAP，并使得其达到了 83.6%。

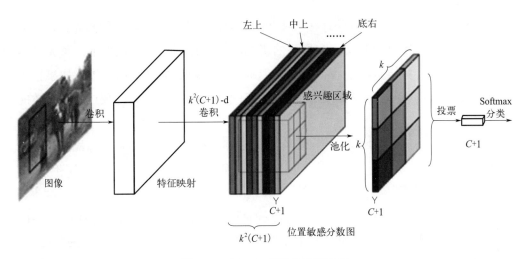

图 5-15　R-FCN 算法的实现流程

（6）FPN 算法

FPN 算法的实现流程如图 5-16 所示。从图中可以看出，FPN 算法采用的是自上而下的结构，并利用最近邻插值的上采样方法进行特征图放大，如此使得特征图的语义信息可以被更多地保留。不过，该算法同样存在弊端，在使不同分辨率的信息特征融合的同时，也占用了大量的内存，使得算法执行速度受到影响。

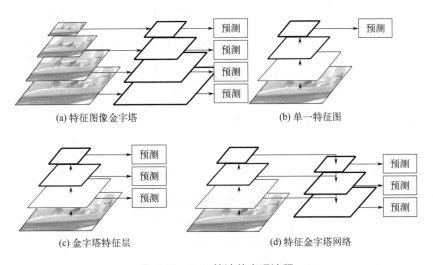

图 5-16　FPN 算法的实现流程

5.2.3　无锚点目标检测算法

上文所提到的单阶段目标检测算法和二阶段目标检测算法均属于基于锚点类模

型的目标检测算法。这类算法存在一些共同的问题，比如：锚点框的预先设定主要基于人为经验，其尺寸会受到数据集的影响，因此检测精度难以保证；预先设定的锚点框基本为负样本，不利于算法的训练；锚点框的数量难以把控，如果预先设定的锚点框过多，可能造成资源浪费；针对不同的应用场景，需要进行超参数的修改。

为了应对基于锚点类模型的目标检测算法存在的问题，无锚点目标检测算法应运而生。

（1）基于关键点的目标检测算法

Corner-Net 算法是第一个基于关键点的目标检测算法，其网络结构如图 5-17 所示。该算法遵循的基本逻辑为：将边界框的左上角点和右下角点界定为关键点，这对关键点就是目标检测的对象。在目标检测算法的研究过程中，Corner-Net 算法首开将目标检测任务表述为利用嵌入角点进行分组和检测任务模型的先河。

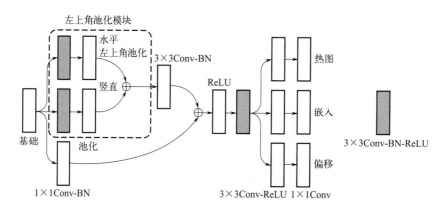

图 5-17　Corner-Net 算法的网络结构

从 Corner-Net 算法的网络结构中可以看出，Corner-Net 算法具有以下特点：

● 骨干网络中通过沙漏网络负责最后一层卷积特征的输出；

● 骨干网络中连接了两个分支模块，各分支模块均包含 1 个角池化（corner pooling）和 3 个输出，对应左上角点和右下角点的预测；

● 预测角点的位置信息由热图（heatmap）输出；

● 当图像中需要检测的目标不止一个时，嵌入（embeddings）会根据左上与右下两个角点嵌入向量之间的距离进行目标分组；

● 图像与特征图之间会具有一定的量化误差，由误差（offsets）表示，据此也可以进行预测框的调整。

(2) 基于密集预测的目标检测算法

FCOS 算法是比较具有代表性的基于密集预测的目标检测算法。在目标检测的应用场景中，不管涉及语义分割还是中心重叠，如果相关物体的区域发生重叠，那么像素点与类别就不是一一对应的关系，FCOS 算法正是从分割出发进行目标检测。目前，FCOS 算法主要应用场景为车辆行驶道路中的行人检测等。

此外，为了更好地进行模型训练，提高目标检测的精度和效率，FCOS 算法解决目标重叠问题的思路为引入特征金字塔 FPN 网络，从而使得不同目标对象的检测可以对应尺度不同的特征图分支。

5.2.4 目标检测算法的性能比较

目前，在目标检测领域，算法性能验证常用的为 Image-Net、COCO 等公开数据集。为了比较不同目标检测算法的性能，可以以 mPA 作为模型准确率性能的衡量指标、以帧率❶作为模型检测速度性能的评价指标，表 5-2 所示即不同目标检测算法的性能比较。

表5-2　不同目标检测算法的性能

算法	骨干网络	输入图像尺寸	测试集	mAP/%	检测速度/（帧/s）	模型类型
R-CNN	VGG-16	1000×600	VOC 2007	66	0.5	二阶段
Fast R-CNN	VGG-16	1000×600	VOC 2007	70	7	二阶段
Faster R-CNN	VGG-16	1000×600	VOC 2007	73.2	7	二阶段
SPP-Net	ZF-5	224×224	VOC 2007	59.2	0.5	二阶段
Mask R-CNN	ResNet-101	1000×600	MS COCO	33.1	4.8	二阶段
Cascade R-CNN	ResNet-101	1280×1280	MS COCO	42.8	—	二阶段
Hyper-Net	VGG-16	1000×600	VOC 2007	76.3	5	二阶段
YOLOv1	VGG-16	448×448	VOC 2007	66.4	45	单阶段
YOLOv2	Darknet-19	544×544	VOC 2007	78.6	40	单阶段
YOLOv3	Darknet-53	608×608	MS COCO	33	51	单阶段
YOLOv4	CSPDarknet53	512×512	MS COCO	43.5	23	单阶段
SSD	VGG-16	300×300	VOC 2007	77.1	46	单阶段
DSSD321	ResNet-101	321×321	VOC 2007/2012	78.6/76.3	9.5	单阶段

---

❶ 帧率：即每秒的图片处理数量。在同样的环境条件下，帧率越大，那么检测速度就越快。

续表

算法	骨干网络	输入图像尺寸	测试集	mAP/%	检测速度/（帧/s）	模型类型
DSSD513	ResNet-101	513×513	VOC 2007/2012	81.5/80.0	5.5	单阶段
RON	VGG-16	384×384	VOC 2007	75.4	15	单阶段
STDN321	DenseNet-169	321×321	VOC 2007	79.3	40.1	单阶段
STDN513	DenseNet-169	513×513	VOC 2007	80.9	28.6	单阶段
Retina-Net	ResNet-101-FPN	800×800	MS COCO	40.8	5.4	单阶段
Corner-Net	Hourglass-104	511×511	MS COCO	42.1	4.1	无锚点
Center-Net	Hourglass-104	511×511	MS COCO	47	7.8	无锚点
Extreme-Net	Hourglass-104	511×511	MS COCO	43.7	3.1	无锚点
FSAF	ResNeXt-101	800×800	MS COCO	42.8	—	无锚点

从表 5-2 中可以看出基于深度学习的不同目标检测算法的性能。比如，二阶段目标检测算法中 Faster R-CNN 算法的检测速度为 7 帧/s、在 VOC 2007 数据集的 mAP 值为 73.2%；单阶段目标检测算法中 YOLOv4 算法的检测速度为 23 帧/s，在 MS COCO 数据集的 mAP 值为 43.5%。通过对比可以发现：与单阶段目标检测算法相比，二阶段目标检测算法更适用于自动化生产等对完整性、安全性等要求更高的应用场景；与无锚点目标检测算法相比，单阶段目标检测算法更适用于对实时性要求更高的应用场景。

随着深度学习等相关技术的发展，未来目标检测算法必定能够在兼顾检测速度的同时也能有效提升检测精度，从而在各种不同的应用场景中发挥作用。

5.3 基于深度学习的深度估计

5.3.1 传统单目深度估计的方法

深度估计是计算机视觉领域中的一个任务，主要是由 2D 图像来估计深度，能够在三维重建、自动驾驶以及机器人导航等领域得到应用。当前的深度估计大部分是由二维图像到深度图像的转化估计，所用到的算法主要有 Shape-from-X、SLAM（simultaneous localization and mapping，时定位与地图构建）等。

在估计深度时，有单目深度估计、双目深度估计以及直接用设备获取等方法可以选择。通过设备来直接获取深度虽然简单方便，但成本较高，通常此类设备造价高昂；采用双目深度估计较为复杂，需通过立体匹配来对应像素点以及计算视差，而且对于一些低纹理的场景匹配效果欠佳。相比之下，单目深度估计成本较低，更具优势，适合普及。

单目深度估计主要是通过一个 RGB 图像来估计其中像素点相对于拍摄源的距离。当物体和单目相机均处于固定状态时，难以直接获得与深度相关的信息，因此，需要首先识别待匹配的物体，然后与数据库中的物体参数进行对照，从而获得与深度相关的信息。与双目深度估计等相比，该方法操作较为简单、易把控，但同时其也具有明显的缺陷，比如，单目深度估计不具有自主学习能力，在物体识别以及距离估计的阶段均需要依赖已经建立的样本库，因此结果容易受限；未得到标记的目标往往被忽略而难以识别。

目前，传统的单目深度估计主要包括以下三种方法，如图 5-18 所示。

图 5-18　传统单目深度估计的方法

（1）几何关系法

几何关系法是利用针孔成像原理进行距离计算的方法。其具体的应用原理为：三维空间中的物体经过光线传播后可以投射到二维平面上，根据相应的信息即能够进行距离的计算。

近 40 年来，以几何约束为基础来恢复三维结构、感知图像深度的方法得到了广泛研究。SfM（structure from motion，运动恢复结构）便是其中的典型方法，其基于相关的数学理论（如多视图几何优化）能够通过调整相机移动将 2D 图像序列转化为 3D 结构。根据使用方法的不同，SfM 还可以细分为基于深度学习的 SfM、基于语义的 SfM、分层 SfM、混合 SfM、全局 SfM 以及增量/顺序 SfM 等。其中混合 SfM 将全局 SfM 和增量 SfM 的优点进行了整合。由于 SfM 系列方法使用灵活方便，目前已成功应用于三维重建等领域，但要想进行高精度的深度估计还要依靠精确的特征匹配以及高质量的图像序列。

SfM 也存在弊端，单目尺度模糊便是它的一个缺陷，这种情况下可以通过立体视觉匹配来恢复三维结构，以两个视点来观察场景，模拟人眼的运动方式，再由代价函数来得出视差图。在这一过程中，要先标好模拟人眼的两台摄像机间的转换，这样有助于后面计算尺度信息。

（2）基于传感器的方法

除了以上计算的方法，还可以通过 3D 相机和激光雷达等设备直接获取有关图像的深度信息，不过使用范围比较受限。3D 相机虽然可以获得二维图像的密集深度图，但是对光照敏感，不适用于光照强烈的室外场景；激光雷达则是在自动驾驶等的深度测量中无法生成密集的三维地图。同时 3D 相机和激光雷达这类深度传感器无法应用到无人机等小型设备上，因为其本身的尺寸和功耗较大。而单目相机因其低成本、小体积而得到了广泛应用，受到了更多关注，与之相关的深度学习方法的研究也日益增多。

（3）数据回归建模方法

相机所获得的像素距离与实际距离之间存在一种非线性的关系，这种关系能够用拟合函数进行表达，而数据回归建模方法即是基于此原理进行距离计算的方法。在单目测距中，逆透视映射的应用十分普遍。在环视相机中，逆透视映射中的透视图即为"鸟瞰图"，在车辆行驶场景中，其与路面呈线性比例关系，因此通过对比例因子进行校准，就能够根据像素距离计算出相应的真实距离。

5.3.2 传统双目深度估计的方法

立体深度估计与平行排列的相机之间的视差关系密切，需要以三角测量的方式对同一物体的点进行测量，同时在确保测量精度的前提下获取可驾驶区域和障碍物的深度信息。与雷达相比，立体摄像机在测量深度上稍近一些，但具有成本低的优势，同时也能够在有公共视野的情况下重新构建环境的 3D 信息，但由于立体摄像机在同步率和采样率方面的要求较高，因此智能网联汽车行业的相关研究人员还需进一步加大研究力度，攻克立体校准和立体定位方面的技术难关。就目前来看，大多数立体摄像机所采用的摄像头都是双目摄像头。

从工作原理上来看，三目相机相当于同时使用两个双目立体视觉系统。在整个三目立体视觉系统中，窄基线位于左侧相机和中间相机上，能够扩大二者的共同视野，宽基线位于左侧相机和右侧相机上，能够扩大所有可见距离处的最大视野，三目立体视觉系统可以使用这三个摄像头从左、中、右三个角度进行拍摄，并利用立体视觉匹配算法对拍摄内容进行处理，进而达到获取深度信息的目的。

立体测距指的是以仿射变换的方式处理相机中捕捉到的实际物体的图片。从作用过程上来看，立体测距主要包含相机校准、图像立体校正、视差图计算和深度图计算等环节。一般来说，立体视觉系统会受视差影响，需要以立体匹配的方式处理从各个图像中获取到的对应点，而立体匹配主要包括全局匹配和局部匹配两种类型的匹配方式。其中，全局匹配具有精度高、鲁棒性强等优势，但同时也存在计算速度慢、实时性不足等缺陷，难以广泛应用于智能网联汽车领域当中；局部匹配则是当前应用于各类车辆当中的主要立体匹配方式。

传统的双目深度估计算法主要包括绝对差之和（sum of absolute differences，SAD）匹配算法、Boyer-Moore（BM）算法、半全局匹配（semi global block matching，SGBM）算法和全局相关性（global correlation，GC）算法等多种算法。

（1）SAD 算法

SAD 算法是一种基于差的绝对值之和的图像匹配算法，具有计算速度快、计算精度低等特点，常被应用在多级处理的初步筛选环节当中。在图像块匹配过程中，SAD 算法能够计算出各个像素对应数值之差的绝对值，并进行求和，同时根据计算结果来判断图像块与图像块之间的相似度。

SDA 算法发挥作用的基本流程主要包括以下 6 个环节：

① 建立一个与卷积核相似的小窗口；

② 利用窗口对左边的图像进行覆盖，并选择窗口覆盖范围内的所有像素点；

③ 利用窗口对右边的图像进行覆盖，并选择窗口覆盖范围内的所有像素点；

④ 计算出左边的窗口覆盖区域与右边的窗口覆盖区域的所有像素点灰度差，并对该计算结果的绝对值求和；

⑤ 移动右边的窗口，并在搜索范围内再次重复③、④；

⑥ 找出范围内 SAD 值最小的窗口，并确定锚点最佳匹配的像素块。

（2）BM 算法

BM 算法是一种可以通过利用模式串中的信息跳过大量文本字符的方式实现字符串快速匹配的算法，大多具有最差情况下的时间复杂度为 $O(m+n)$ 的优势，其中 m 指模式串的长度，n 指文本串的长度。

BM 算法的应用过程主要包括预处理和匹配两个阶段。具体来说，预处理阶段需要对模式串中所有的字符在模式串最右边出现的位置进行计算，并根据计算结果来判断字符串匹配时所需移动的距离；匹配阶段需要从文本串的末尾开始对字符串进行匹配，并利用来源于预处理阶段的跳跃表来得出后续移动距离。

基于 BM 算法的双向匹配具有匹配速度快的优势，但同时也存在匹配效果差等不足之处。从匹配流程上来看，在双向匹配过程中，BM 算法需要先借助匹配代价找出右图的匹配点，再以同样的方式找出左图的匹配点，并将左图的匹配点与右图匹配点进行对比，当二者一致时，则匹配成功，反之则无法匹配。

（3）SGBM 算法

SGBM 算法是一种可以在 OpenCV 中计算出双目视觉中视差的半全局匹配算法。具体来说，SGBM 算法可看作处于全局匹配算法和局部匹配算法之间的一种算法，能够在确保视差图质量的同时降低计算的复杂度。

从 SGBM 算法的作用原理上来看，整个作用流程主要包括以下几个环节：

① 预处理。充分发挥水平 Sobel 算子的作用，以边缘检测的方式对左右图像进行处理，并在此基础上获得梯度图像。

② 匹配代价计算。利用绝对差或平方差计算各个像素在不同视差下与对应像素的匹配代价。

③ 能量函数最小化。用数据项来表示像素的匹配代价，用平滑项来表示相邻像素之间的视差连续性，并为所有的像素定义一个包含数据项和平滑项的能量函数，同时通过动态规划的方式从多个方向展开累积代价计算工作，并将得出的最小值作为最终代价。

④ 视差图生成。针对各个像素的最终代价确定最佳视差，并据此生成相应的视差图。

⑤ 视差图后处理。找出视差图中存在的异常问题和空洞，并充分发挥中值滤波和最小加权二乘（weighted least squares，WLS）滤波等后处理方法的作用，对视差图进行修护处理。

5.3.3 基于深度学习的单目深度估计

"深度学习"这一概念源自人工神经网络的相关研究，近年来发展迅速，并在图像处理功能方面展现出其优势，在语义分割和目标检测领域有着不俗的表现。目前，卷积神经网络（convolutional neural network，CNN）、生成对抗网络（generative adversarial network，GAN）、递归神经网络（recursive neural network，RNN）等各种神经网络已通过单一图像中恢复像素级深度图证明了其解决单目深度估计的有效性。

深度学习技术在单目深度估计中的应用方法大致可分为三类，即有监督法、无监督法和半监督法。其中无监督方法和半监督方法的训练过程需要依靠立体像对和单目视频。针对这三种方法，可以在 KITTI 数据集的评价上了解半监督方法和无监督方法的定量结果，也可以从监督信号、训练数据以及贡献等角度对三者进行考察。

(1) 有监督单目深度估计

单目深度估计是指由某一 RGB-D 图像设计神经网络来预测深度，可以视为回归问题。监督方法中涉及的监督信号主要以 RGB-D 图像的地面真值为基础。因此，可以通过实际深度图与预测深度图的差别来对网络训练损失进行监督。

基于对抗性学习的方法近几年受到较多关注且得到广泛研究，其在数据生成上表现不凡。

(2) 无监督单目深度估计

无监督单目深度估计主要是进行单眼图像序列训练，在这个过程中相邻帧之间的几何约束会被视作监督信号，这样便不需要使用成本较高的背景真值。

基于对抗性学习的方法：将这一框架拿到无监督方法中来，考虑到这一方法里不存在真正的深度图，所以把真实图像与算法合成图像作为鉴别器的输入，不再用鉴别器来区分预测深度图与真实深度图。

基于多任务框架的方法：这一方法是在原有框架的基础上，增设了新的光流运动、物体运动以及相机内参矩阵作为训练框架，这样可以更加紧密连接训练任务之间的关系。

基于传统视觉里程计的方法：通过深度网络来生成三帧图像和深度图像，然后运用光度误差最小化估计帧与帧之间的姿态，最后把求出的姿态传送到训练框架。这种方法不再使用位姿网络估计位姿，而是利用传统视觉里程计给深度估计以辅助，所以其深度估计的精度更高。

(3) 半监督单目深度估计

无监督方法的训练过程中不涉及真值，这就造成其与有监督方法存在较大差距，而且无监督单目深度估计还存在尺度不一致或模糊等问题。在这一背景下，为削减对真值的依赖性，进一步提高估计精度，半监督方法出现了。立体像对与单目视频近似，其主要差别在于立体像对帧与帧之间的变换已知与否。所以，对于基于立体像对框架的判定尚不清晰，有的研究将其视为无监督方法，有的则视为半监督方法。我们按照后者观点将其视作半监督方法，其监督信号是左右图像之间的姿态。

半监督方法主要是估计立体像对左右图像间的逆深度图，即视差图，通过预测的逆深度求得视差图，再通过变换由右图像合成左图像。该方法的一般框架是利用左图像预测像素级的视差图，之后利用逆扭曲算法由右图像重建左图像，其主要利用重构误差来监督训练过程。

基于知识提炼与对抗式学习的方法：这一方法能够与前沿的网络框架相结合，

而且受到了越来越多的关注，本身的性能也得到了明显提高。

基于立体匹配的方法：立体匹配是三维场景重建的重要方法，随着深度估计的不断发展，基于 Deep3D 的视景合成网络出现了，主要用来由左图像估计右图像，并利用立体匹配网络将两者匹配，回归视差图。

基于稀疏真值的方法：把稀疏真值放入训练框架的目的在于加强监督信号，其半监督方法主要凭借激光雷达对地面真实深度的采集来达成。

5.3.4 双目立体视觉匹配的算法流程

立体匹配是一项可以利用两个或多个相同场景的平面图像来完成真实场景深度信息回复的技术。从具体流程上来看，需要先找出图像中的匹配点对，再利用三角测量原理计算出点对相应的空间物理点的深度。

双目立体视觉就是利用两个拍摄角度不同的摄像机来采集同一场景的左右视图信息，并充分发挥双目立体匹配算法的作用，找出左右视图中的匹配像素点对，同时借助三角测量原理来对整个三维空间物理点过程进行还原。具体来说，在整个匹配过程中，双目立体匹配算法发挥着核心作用。双目立体视觉匹配算法的整个作用过程主要包括像素匹配代价计算、匹配代价聚合、视差计算、视差图后处理四个环节，如图 5-19 所示。

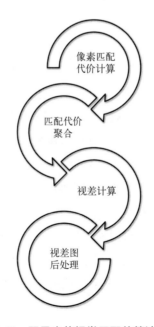

图 5-19 双目立体视觉匹配的算法流程

(1) 像素匹配代价计算

在像素匹配代价计算环节，应先明确左视图中的像素与右视图中的像素的匹配代价，当匹配代价较大时，像素之间的相似度较低，且代表同一个实际空间物理点的可能性较小，反之则说明像素之间的相似度较高，代表同一个实际空间物理点的可能性较大，进而达到根据匹配代价来判断两个像素点的匹配程度的目的。

① 像素的灰度值。灰度值是一项用于描述像素灰度的参数，通常与两个像素的灰度绝对值、灰度差平方值相关，同时也可以在使用这两项数据的基础上进行强度值采样，并将其看作像素匹配代价。

一般来说，在同一图像中，许多像素点的灰度值是相同的，因此无法只利用单个像素的灰度值来对其进行区分。不仅如此，光照、拍摄设备参数、拍摄噪声等因素也会影响同一物体在左右视图中的成像情况，仅利用单个像素的灰度值无法精准判断两个像素之间的相似度，也无法实现准确匹配。

② 图像上的位置信息。在图像中，位置不同的像素周围的像素集合和像素区域结构也各不相同。

具体来说，特征窗口指的是以图像中的某一个像素为中心且尺寸不变的窗口。在双目立体匹配的像素匹配代价计算过程中，需要先找出像素的特征窗口，再将对两个像素的匹配程度的比较转化成对两个像素的特征窗口的图像块的相似度的比较，并在此基础上判断两个像素在整个图像中所呈现出来的不同之处。

(2) 匹配代价聚合

图像中的像素大多与周边的其他像素共同表示一个整体或同一物体的其中一部分，因此像素与其周边的其他像素通常存在接近的匹配情况。与此同时，一个像素的匹配也与其周边其他像素的匹配情况关系密切，因此不能简单地将某一单个像素单拎出来讨论其匹配情况。

局部立体匹配方法可以在考虑一个像素的匹配情况时只将位于其周边一小块区域中的像素的匹配情况考虑在内。

在对左右视图中的两个像素进行匹配时，需要先找出两个像素的聚合窗口，再依次计算位于两个窗口范围内相同位置的像素之间的匹配代价，然后计算出各个匹配代价的总和，并将计算结果看作最终的聚合匹配代价。一般来说，当像素的聚合代价较小时，两个像素可以匹配的可能性则较大，反之，可能性则较小。

(3) 视差计算

在完成聚合匹配代价计算工作后，还需通过视差计算的方式找出各个像素的最优匹配点来进行匹配。局部立体匹配算法通常利用胜者为王理论（winner take all，WTA）直接完成视差查找任务，大多具有计算复杂度较低的特点。

从实际操作方面来看,右边的图像中可能存在多个可以与左边图像中的像素匹配的像素,因此需要将所有可能的匹配像素与待匹配像素进行匹配,并逐一计算出每次匹配的聚合代价,从而找出其中匹配代价最小的像素将其作为匹配像素。

Patch Match 算法基于视差搜索效率的方法改进是当前广为人知的一项涉及视差计算步骤的研究,能够发挥图像的连续性原理的作用,通过随机搜索的方式大幅缩小可能的匹配像素集合的范围,实现更加高效的视差计算。

(4)视差图后处理

视差图后处理就是利用左右一致性检测、遮挡填补、加权中值滤波等方式判断并修正视差图结果。

① 左右一致性检测。用于找出错误匹配问题,具体来说,左右一致性检测可以检测左边视图中某一像素 p 在右边视图中的匹配像素是否为 q,若匹配像素为与 P 对应的 q,则匹配正确,若匹配像素不是 q,则说明匹配错误。

② 遮挡填补。用于为存在错误匹配的像素将视差值填补至与周边背景像素的视差值相同,解决像素的匹配像素在另一视图中被遮挡的问题。

③ 中值滤波。用于处理填补像素的视差,解决遮挡填补环节出现的横向条纹问题。

5.3.5 基于场景的深度估计数据集

根据场景类型的不同,深度估计的数据集有室内和室外之分,KITTI、vKITTI、Make3D 等是室外数据集,NYU-Depth V2 是室内数据集,这些数据集一般会通过移动车辆、场景图片等进行数据收集。

(1)KITTI

作为室外数据集的一种,KITTI 主要由一个 GPS、一个激光雷达、4 个摄像机、4 个光学镜头组成,是具有多任务属性的数据集。它本身拥有超 200GB 的原始数据,其中 175GB 都是户外场景相关数据,这些数据都标注了相关任务,例如立体图像匹配、深度估计、视觉测距、目标检测、道路检测、目标跟踪以及目标分割等。

(2)vKITTI

vKITTI 数据集是与 KITTI 数据集相对应的,但是并不能做到全部对应,它主要根据 KITTI 的数据和任务创建新的虚拟图像,目的在于调节深度信息的光线敏感问题。所以此处的虚拟主要是指图像的渲染,如对摄像头进行合适角度的偏转以及晴天、雨天、多云时基于原图的渲染图像。

（3）Make3D

Make3D 数据集共有 53 对深度图像，其中有 13 对用来测试，其余的用来训练。这里的深度图像分辨率为 55×305 像素，原始的 RGB 图像为 2272×170 像素。该数据集的图像都是白天的自然场景或城市场景。

（4）Cityscapes

Cityscapes 即城市景观数据集，由德国五十余个城市的街道场景组成。该数据集的数据不仅拥有 vKITTI 一类的渲染场景图像，也包含相机校准、行人标定、目标分割等。Cityscapes 数据集有 fine 和 coarse 两套评测标准，其中 fine 可以提供 5000 张精细标注的图像，coarse 则可以在前者的基础上再多提供两万张粗糙标注的图像。

（5）NYU-Depth V2

NYU-Depth V2 属于室内数据集，其主要构成为各类室内场景的视频序列。这一数据集的数据采集是依靠 Microsoft Kinect 的 RGB 和 Depth 摄像机来完成的。该数据集的主要特点是：

① 拥有来自三个城市的 464 个场景，26 个场景类型；

② 具有 1400 余张精细标注的 RGB 图像及 RGB-D 图像和 40 万余张未标注的图像；

③ 各个对象都会被标上一个类属以及一个实例编号，如 cup1、cup2 等。

NYU-Depth V2 数据集主要由标签、Raw 和工具箱三部分组成。其中标签是视频数据库的一个子集，其中的数据通过处理可以填补缺失的深度标签；Raw 主要负责提供各类数据；工具箱主要用来操作标签与数据的有用函数。

5.4　SLAM 技术与应用

5.4.1　SLAM 系统结构与原理

即时定位与地图构建（simultaneous localization and mapping，SLAM）是一项集定位、导航和三维地图构建于一身的先进技术，能够在运动物体位置未知的情况下采集和利用传感器信息，并据此实现对运动物体位置的计算和对周边环境地图的构建，同时还能够根据自身构建的三维地图实现自主定位和导航功能。SLAM 的应用在机器人自主导航方面发挥着十分重要的作用，能够为机器人在未知环境中的运动提供定位信息、导航信息和地图信息并进行路径规划，为机器人解决自主导航问题。近年来，SLAM 逐渐被应用到汽车领域当中，成为推动智能汽车升级的重要技术，同时智能汽车领域对 SLAM 的应用也进一步促进了 SLAM 的发展。

自动驾驶汽车在行驶的过程中需要进行精准定位和测绘。SLAM 技术在自动驾驶领域的应用能够利用装配在摄像头上的各类传感器来感知周边环境信息，同时借助摄像头等设备来获取车辆自动驾驶所需的各项信息，进而有效解决车辆在定位和测绘方面的问题。由此可见，SLAM 技术在自动驾驶机器人和自动驾驶汽车中均占据着十分重要的位置。

从结构上来看，视觉 SLAM 系统主要由摄像机传感器模块、前端模块、后端模块、闭环模块和映射模块五部分构成（如图 5-20 所示）。其中，摄像机传感器模块具有图像数据采集功能，主要用于获取图像数据信息；前端模块具有图像特征跟踪功能，主要用于在把握相邻两帧之间的图像特征的基础上对摄像机的初始运动进行估计和局部映射；后端模块具有数值优化和运动估计功能，主要用于优化来源于前端的各项相关数据并据此进行运动估计；闭环模块具有误差消除的作用，主要用于判断图像的相似度并据此消除累积误差；映射模块具有重构功能，主要用于重新构建周边环境。

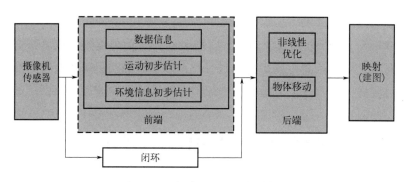

图 5-20　视觉 SLAM 系统结构

（1）摄像机传感器模块

一般来说，SLAM 系统中所应用的视觉传感器主要包括单目摄像机、双目摄像机、RGB-D 摄像机和事件摄像机四种摄像机传感器。

① 单目摄像机。单目摄像机在成本和布局方面具有较大的优势，但同时也存在地标深度估计难度大、地图制作过程中比例尺不清晰以及无法在所有状态下获得像素距离等不足之处。

② 双目摄像机。双目摄像机能够为双目 SLAM 计算像素深度提供测量值，且

具有在室外环境中时鲁棒性强的特点，能够更好地适应室外环境，但分辨率和基线长度等因素也会对摄像机的深度测量范围造成影响，同时双目摄像机还存在参数配置不够简洁、标定过程烦琐以及计算成本高等缺陷。

③ RGB-D 摄像机。RGB-D 摄像机能够在不进行复杂计算的情况下直接从红外结构光/飞行时间（time of flight，TOF）中获取像素深度信息，大幅降低了计算成本，但同时也存在测量范围窄、抗光照干扰能力差等不足之处，因此难以在自动驾驶等户外应用场景中充分发挥作用。

④ 事件摄像机。事件摄像机既有远超其他摄像机的动态范围，也具有功耗低、事件分辨率高、无运动模糊现象等优势，能够以异步测量的方式获取各个像素的亮度变化信息，并在高速、高动态的情况下顺利完成测距工作。具体来说，事件摄像机传感器主要包括动态先行传感器、动态和有源像素视觉传感器、基于异步时间的图像传感器三类传感器。

（2）前端模块

SLAM 的前端模块主要指视觉里程计（visual odometry，VO）。VO 能够利用相邻帧的信息对摄像机运动和特征方向进行估算，高效的 VO 能够在确保及时响应的前提下在一定程度上提高姿态的准确性。就目前来看，SLAM 中的前端主要包括基于特征的 VO 系统和直接方法。

基于特征的 VO 系统在进行特征提取方面具有尺度高的特点，能够充分确保自身运行的稳定性，降低光线和动态物体等因素带来的影响。在图像特征的提取和描述方面，尺度不变特征变换算法（scale invariant feature transform，SIFT）可以发挥重要作用，具体来说，该算法的作用过程主要包括以下 3 个环节：

① 利用高斯差分金字塔方法构建尺度空间，并借助高斯微分函数来找出具体的兴趣点；

② 明确所有候选人职位的位置和规模，并对相应的关键点进行定位；

③ 通过匹配指向特征与关键点的方式来获取描述。

SIFT 特征不受旋转、缩放和光照等因素的影响，但具有计算量大、实时性不足等缺陷。加速稳健特征（speeded up robust features，SURF）可以看作经过升级优化的 SIFT，不仅具有 SIFT 的所有优势，还弥补了 SIFT 中的各项缺陷。但从实际应用上来看，SURF 算法在实时 SLAM 系统中的应用仍旧存在许多局限。

（3）后端模块

SLAM 的后端模块可以接收来源于前端的摄像机姿态信息，并通过优化初始姿态的方式来获取运动轨迹和环境地图，同时确保二者在全局范围内的一致性。与前端相比，后端的算法类型较少，具体来说，主要涉及基于滤波的方法和基于非线性优化的方法两种类型。

① 基于滤波的方法。基于滤波的方法中应用了贝叶斯原理，能够在掌握当前观测数据和前一状态的前提下实现对当前状态的估计。一般来说，SLAM 所应用的基于滤波的方法主要包括扩展卡尔曼滤波器（extended kalman filter，EKF）、无迹卡尔曼滤波器（unscented kalman filter，UKF）和粒子滤波器（particle filter，PF）。基于 EKF 的 SLAM 方法可应用于小规模环境当中，并且能够取得良好的应用效果，但由于协方差矩阵存储过程中的存储容量与状态量之间紧密关联，当状态量增长时，存储容量也会上升，因此基于 EKF 的 SLAM 方法难以广泛应用于各类大型未知场景当中。

② 基于非线性优化的方法。基于非线性优化的方法可以建立以后端优化算法为基础的图，并充分发挥基于非线性优化的算法的作用，获取被测对象的姿态信息，同时将主体在各个时刻下的姿态和环境特征作为顶点，并以边来表示各个顶点之间的约束关系，确保各个顶点上要优化的状态能够充分满足与之相对应的边上的约束，不仅如此，还可以生成受试者运动轨迹和环境图。

现阶段，基于非线性优化的方法是大部分视觉 SLAM 系统所应用的后端算法。

（4）闭环模块

闭环模块可以通过支持 SLAM 系统利用各项传感器信息实现对当前场景的识别和对区域访问情况的判断的方式来消除累积误差。一般来说，传统的环路检测方法需要利用词袋模型（bag of words，BoW）来完成相关检测任务。

- 首先，视觉 SLAM 系统需要提取图像中的局部特征，并对其进行 K-means 聚类，建立由 K 个单词组成的单词列表。
- 其次，视觉 SLAM 系统需要在掌握各个单词的出现次数的前提下以 k 维数值向量的形式来表示图像。
- 最后，视觉 SLAM 系统还要判断现场差异，并对自动驾驶车辆的到场情况进行检测。

（5）建图模块

自动驾驶汽车应具备构建环境地图和使用地图定位的能力，而视觉 SLAM 系统具有定位和建图的作用，能够赋予自动驾驶汽车环境地图构建和地图定位功能，支持自动驾驶汽车在行驶过程中实现导航、避障和环境重建。

在视觉 SLAM 系统的支持下，自动驾驶汽车可以构建出度量地图和拓扑地图两种地图。具体来说，度量地图能够体现出各项地图元素的相对位置，且可进一步分为稀疏地图和密集地图两种类型，其中，稀疏地图中的信息含量较少，多用于定位，而密集地图中包含的信息较多，能够在导航方面发挥重要作用；拓扑地图则更注重对各项地图元素之间的连接关系的呈现。

5.4.2 SLAM 分类与流程

（1）激光 SLAM

随着技术的不断发展，激光 SLAM 的成熟度越来越高，从研究内容上来看，激光 SLAM 的研究主要涉及图优化、后端优化、回环检测、前端配准方法、已知定位建图、多传感器信息融合、传感器数据处理、3D 激光与视觉融合等内容。

激光 SLAM 中应用了光探测与测距方法，能够利用激光传感器或距离传感器精准感知目标物体的位置，且激光传感器大多可输出二维或三维的点云数据，常常被装配在自动驾驶汽车和无人机等高速移动的设备当中，为其提供导航定位服务。

激光传感器可以输出高精度的距离测量数据，并在数据层面为 SLAM 建图提供支持。

在车辆定位方面，激光 SLAM 需要利用迭代最近点（iterative closest point，ICP）和正态分布变换（normal distributions transform，NDT）等配准算法进行激光点云匹配，同时对车辆的移动情况进行连续估计，并根据计算出的移动数据来实现对车辆的定位。一般来说，SLAM 可以以栅格地图或体素地图的形式来呈现二维点云地图和三维点云地图。其中，二维激光雷达 SLAM 多用于仓储机器人等领域，三维激光雷达点云 SLAM 多用于自动驾驶汽车和无人机等领域。

与图像相比，点云在密度方面的精细度较低，难以为点云匹配提供足够的特征。当汽车处于障碍物较少的环境中时，激光 SLAM 可能会出现无法进行点云匹配的情况，因此难以精准跟踪定位车辆，不仅如此，点云匹配在处理能力方面的要求也比较高，激光 SLAM 需要通过优化流程的方式来提升处理速度。

由此可见，为了助力自动驾驶汽车实现较为精准的定位，激光 SLAM 还需综合运用融合轮式测距、全球导航卫星系统（global navigation satellite system，GNSS）、惯性测量单元（inertial measurement unit，IMU）等各项相关工具提供的测量数据。

（2）视觉 SLAM

视觉 SLAM 所使用的摄像机大多具有成本低的特点，主要涉及鱼眼摄像机、广角摄像机、球形摄像机等普通摄像机，立体摄像机、多目摄像机等复眼摄像机，以及深度摄像机、飞行时间（time of flight，ToF）摄像机等 RGB-D 摄像机。视觉 SLAM 可以利用这些摄像机来完成信息采集和路标检测等工作，并综合运用路基边检测和基于图的优化来提升自身在即时定位和地图构建方面的灵活性。

单目 SLAM 就是将单个摄像机作为唯一传感器的 SLAM，这种 SLAM 可以对待定位图像中的增强现实（augmented reality，AR）标签、棋盘格或其他已知目标进行检测，对摄像机信息和其他传感器信息进行融合，如 IMU 信息。

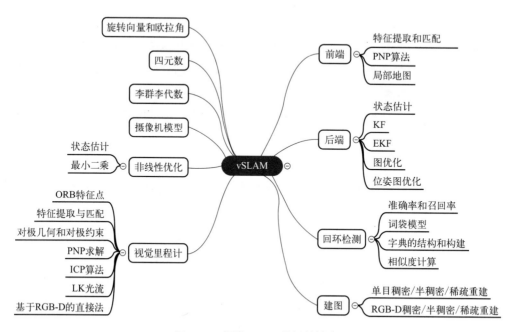

图 5-21 视觉 SLAM 的相关技术

单目 SLAM 中融合了运动恢复结构（structure from motion，SfM）、视觉测距和捆绑调整等技术，如图 5-21 所示。同时，视觉 SLAM 算法也可划分为稀疏方法和稠密方法两种类型。

● 稀疏方法：与图像的特征点进行匹配，同时充分发挥特征点法（parallel tracking and mapping，PTAM）和 ORB-SLAM 等算法的作用。

● 稠密方法：利用图像的总体亮度，以及密集跟踪和映射（dense tracking and mapping，DTAM）、LSD-SLAM、基于稀疏方法的视觉里程计算法（direct sparse odometry，DSO）和半直接法单目视觉里程计（semi-direct visual odometry，SVO）等算法来处理相关信息。

从作用流程上来看，视觉 SLAM 主要包括以下五个环节，如图 5-22 所示。

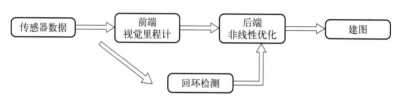

图 5-22 视觉 SLAM 的整个作业流程

① 读取传感器信息。视觉 SLAM 需要先读取摄像机图像信息，并对这些信息进行预处理。

② 视觉里程计（visual odometr，VO）。视觉 SLAM 需要利用 VO 来对相邻图像之间的摄像机的运动情况和局部地图进行估算。

③ 后端优化。视觉 SLAM 需要在后端获取并优化各个时刻的视觉里程计所测量出的摄像机位姿信息和回环检测的信息，同时在此基础上生成全局一致的轨迹和地图。

④ 回环检测。视觉 SLAM 需要通过回环检测的方式来对自动驾驶汽车的回环情况进行检测，并在检测到车辆已经到达过先前的位置时向后端传输相应的信息，以便后端及时对这些信息进行处理。

⑤ 建图。视觉 SLAM 需要从估计的轨迹出发构建符合任务要求的地图。

（3）SLAM 算法实现四要素

SLAM 算法实现四要素如下：

- 地图表示：针对实际场景选择合适的表达方式，如 dense、sparse 等。
- 信息感知：探索全面感知环境的有效方法，如使用 RGB-D 摄像头和激光雷达等设备。但各种设备在视场角（field of view，FOV）方面存在一定的差异，其中，RGB-D 摄像头的 FOV 较小，而激光雷达的 FOV 较大。
- 数据关联：统一对各类 sensor 的数据类型、时间戳和坐标系表达方式进行处理。
- 定位与构图：探索实现位姿估计和建模的有效方法，解决与之对应的各项数学问题，构建相应的物理模型，并对状态进行估计和优化。

5.4.3 激光雷达主流的 SLAM 算法

（1）Cartographer

Cartographer 是谷歌公司开发的一款 SLAM 算法，具有可跨平台使用等特点，能够与雷达、全球定位系统（GPS）、IMU、Odometry、Landmark 等传感器设备协同作用，利用激光雷达和 RGB-D 摄像机数据实现导航定位，其系统架构如图 5-23 所示。现阶段，Cartographer 算法已经被广泛应用到机器人和自动驾驶等多个领域当中，为机器人和自动驾驶汽车等设备的导航定位提供支持。

从 Cartographer 系统架构图中可知，Cartographer 算法作用的过程中需要先在前端根据各项数据构建栅格地图，再明确激光雷达扫描帧的最佳位姿，然后在子地图中插入扫描帧，并获取局部优化的子地图，同时对位姿进行记录；除此之外，还要在后端对地图进行全局优化，并充分发挥分支定界法的作用，提高求解速度，最终明确闭环扫描帧在全局地图中的最佳位姿。

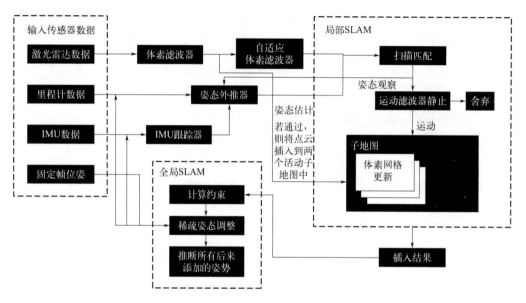

图 5-23 Cartographer 的系统架构

（2）Karto

Karto 是一款可以在位姿图优化的基础上实现导航定位功能的 SLAM 算法，能够利用高度优化和非迭代的 cholesky 矩阵对系统进行解耦和求解，大多被应用到各种室内场景当中，对静态和动态的障碍物进行处理。Karto 的系统架构如图 5-24 所示。

图 5-24 Karto 的系统架构

一般来说，Karto 需要以图论来表示地图，且移动机器人运行轨迹上的位姿点和当前位姿下传感器返回的感知信息均与地图中的各个节点相对应。不仅如此，相邻机器人位姿之间的位移矢量还与各个节点之间的边相对应。为了确保定位估计误差的一致性，Karto 还应在明确节点间的匹配关系和边的约束的前提下对新的位姿点进行定位。

（3）LIO-SAM

LIO-SAM 是一种可以综合运用激光雷达和惯性测量单元数据实现导航定位的激光惯性导航系统，其在机器人领域的应用能够支持机器人实现高精度定位和运动轨迹建图等功能。LIO-SAM 的系统架构如图 5-25 所示。

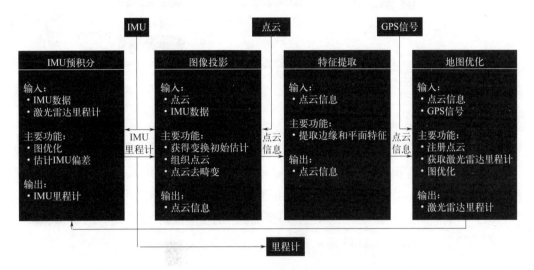

图 5-25　LIO-SAM 的系统架构

LIO-SAM 系统的前端不仅具备基于雷达的 SLAM，还融合了卡尔曼滤波和因子图优化算法，能够综合运用激光雷达和 IMU 数据，支持机器人实现精准建图和高精度定位。LIO-SAM 系统的后端融合了优化算法，能够大幅提高机器人在建图和定位方面的精准度。

（4）LOAM 系列

激光雷达的里程计和建图（lidar odometry and mapping，LOAM）系列算法是一种成熟度较高的基于激光雷达的 SLAM 算法，主要涉及 LOAM 算法、LOAM-Velodyne 算法和 LOAM-LiDAR 等多种算法。

具体来说，LOAM 可以利用 3D 激光雷达所采集的相关数据来完成建图和定位任务，并通过空间聚类、连续性约束等方式根据点云数据的特征来实现对位姿的估计。LOAM 的系统架构如图 5-26 所示。

LOAM-Velodyne 可以充分发挥 Velodyne 激光雷达的作用，利用其采集的 3D 点云数据进一步提高建图和定位的精准度。

LOAM-LiDAR 可以利用雷达快速采集目标物体的三维坐标信息，并根据这些信息完成建图和定位任务，常被应用于机器人领域当中，能够在机器人导航方面发挥重要作用。

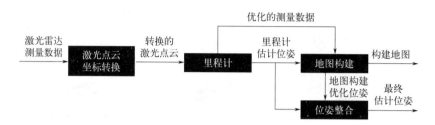

图 5-26 LOAM 的系统架构

（5）ORB-SLAM3

ORB-SLAM3 是一种基于特征点的视觉 SLAM 系统，可支持单目摄像机模式、双目摄像机模式、RGB-D 摄像机模式以及其他多种摄像机模式，且具有精度高、鲁棒性强等特点，能够优化升级包含特征提取、地图维护、位姿优化和关键帧选取等在内的诸多功能，同时还能够针对实际情况建立短期数据关联、中期数据关联或长期数据关联。ORB-SLAM3 的系统架构如图 5-27 所示。

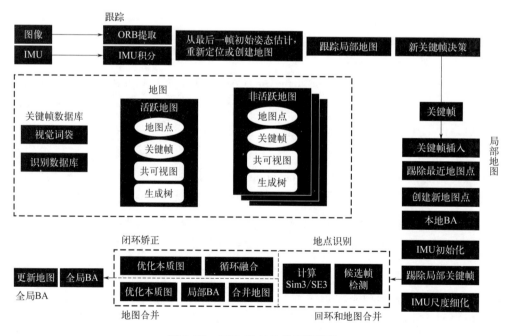

图 5-27 ORB-SLAM3 的系统架构

ORB-SLAM3 系统的前端视觉里程计具有鲁棒性强和提取效率高等特点，在掌握由关键点和描述子组成的 ORB 特征的前提下，既能够完成回环检测和重定位等任务，也能够在图像帧之间的特征点上建立数据关联，与此同时，还能在图像特征点和地图点之间建立由 3D 到 2D 的数据关联。

（6）VINS-Fusion

VINS-Fusion 是一种视觉 SLAM 算法，能够充分发挥视觉惯性传感器的作用，采集并融合视觉信息和惯性信息，助力机器人进一步增强在未知环境中的导航定位能力。VINS-Fusion 的系统架构如图 5-28 所示。

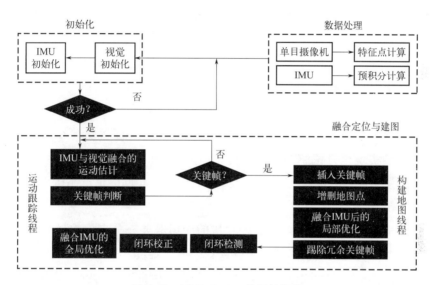

图 5-28　VINS-Fusion 的系统架构

VINS-Fusion 系统的前端和后端可以利用状态传递机制实现数据交互。具体来说，前端可以通过整合 IMU 和图像数据的方式来生成状态量，并将其传输到后端；而后端可以融合和优化来源于前端的状态量，并将经过处理的状态量再回传到前端，进而助力系统更新机器人的运动估计。

5.4.4　基于 SLAM 的自动驾驶应用

视觉传感器是视觉定位系统中的重要组成部分，大多具有重量轻、尺寸小、成本低、感知和定位信息丰富等特点，常被应用于机器人和自动驾驶系统当中，为机器人和自动驾驶汽车实现导航定位提供支持。同时，视觉传感器在自动驾驶领域的应用能够支撑自动驾驶汽车实现同时定位和建图，因此也是行业内相关研究人员的重点关注对象。

与激光雷达等传感器相比，视觉 SLAM 中所使用的摄像机具有成本低的优势，同时还能够综合运用视觉定位和感知算法助力自动驾驶汽车实现各项智能化的驾驶功能。不仅如此，在自动驾驶系统中，即便地图和 GPS 存在可靠性低、稳定性差等不足之处，视觉 SLAM 也仍旧能够为自动驾驶汽车提供可靠性较强的位姿估计和周边环境信息。

但视觉 SLAM 系统在进行位姿估计时需要追踪匹配图像中明显的视觉特征，因此存在鲁棒性不足的缺陷，在应用过程中极易出现过曝、弱纹理和运动模糊等问题，相关研究人员应积极运用多传感器融合和摄像机参数控制等技术手段来增强视觉 SLAM 系统在实际应用过程中的鲁棒性。

就目前来看，大多数自动驾驶系统都装配了具备多个摄像机的环视视觉系统，可以充分利用该系统来打造多摄像机 SLAM 系统，并达到强化 SLAM 系统性能的效果。

在自动驾驶系统中，遍布车身的各个摄像机能够全面采集各个方向的视觉信息，帮助车辆实现全方位感知。由此可见，多摄像机视觉 SLAM 系统也可以利用这些摄像机强化自身的鲁棒性，从而在外部条件各不相同的情况下确保位姿估计的精准性。

多摄像机 SLAM 系统在自动驾驶领域的应用既要充分考虑自动驾驶汽车的特性，也要根据自动驾驶汽车的特性来降低状态估计难度。具体来说，自动驾驶汽车存在运动自由度有限、行驶速度相对稳定等问题，因此难以对部分参数进行有效的在线标定，相关工作人员在借助 IMU 构建 SLAM 系统的过程中应充分考虑这一问题，为自动驾驶汽车高效完成在线参数标定任务提供支持，除此之外，也要借助离线实验识别的方式来对摄像机外参变化模式进行识别，并将各项模式作为在线外参标定时的约束条件。与此同时，还需要将车道线等具有强结构性特点的特征看作外参标定的关键，以便进一步提高在线标定等工作的精准性和高效性。

自动驾驶汽车的感知系统可以通过多摄像机系统来获取车道线、分割结果等多种语义信息，并结合传统视觉特征共同输入多摄像机 SLAM 系统当中。部分车辆的感知系统可以利用多摄像机系统从每分钟图像（images per minute，IPM）中获取用于绘制地下车库地图的车道线信息，从而实现自动泊车定位；部分车辆的感知系统可以利用环视摄像机生成鸟瞰图（bird's eye view，BEV）视角的分割结果，并将其输入 SLAM 系统当中，以便进行回环检测和对相邻帧的位姿估计。

多摄像机视觉 SLAM 系统具有精度高、鲁棒性强等优势，其在自动驾驶汽车中的应用能够通过环视摄像机系统来充分发挥全方向的视觉信息的作用，并提高传感器配置的科学性和合理性。为了获取更好的多摄像机 SLAM 系统应用效果，相关工作人员不仅要确保相关理论的成熟性，还要充分考虑算法方面的各项问题，如外参自标定以及精度和计算量的平衡等问题。除此之外，多摄像机视觉 SLAM 系统还可以利用来源于感知系统的各项语义信息来为自动驾驶汽车的导航定位提供支持，但同时也要探索融合神经网络输入的语义信息和传统的非线性优化滤波的有效方法。

第 6 章
目标检测与识别技术

6.1 道路检测与识别

6.1.1 道路检测与识别方法

道路检测与识别中融合了计算机视觉等多种先进技术,能够采集、分析和处理道路图像、道路视频等信息,并基于信息处理结果实现对车辆行驶道路的精准检测和识别。就目前来看,道路检测与识别技术可应用于自动驾驶、机器人导航、智能交通系统等多个领域当中,具有十分广阔的发展前景。

道路检测与识别的应用离不开图像处理、机器学习等技术和算法的支持。从作用原理上来看,道路检测与识别需要利用图像处理技术以图像增强、噪声去除、图像分割等方式对采集到的道路图像进行预处理,并充分发挥边缘检测、颜色分析、纹理分析等图像特征提取算法的作用,获取道路图像中蕴含的道路特征信息,利用支持向量机、神经网络、随机森林等机器学习算法来完成道路特征分类和道路特征识别工作,进而实现精准的道路检测与识别。

道路检测与识别能够帮助智能网联汽车确定可行驶区域,并为其制定路径规划方案提供依据。一般来说,道路检测与识别的方法主要包括基于特征的方法和基于道路模型的方法两大类,如图 6-1 所示。

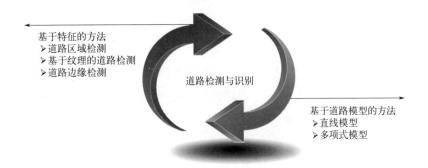

图 6-1 道路检测与识别的方法

(1) 基于特征的方法

基于特征的方法可以根据道路图像中所呈现出的道路颜色、纹理和边缘等特征实现对道路区域和道路边缘的有效检测。

① 道路区域检测。道路区域检测需要利用道路区域分割技术以阈值化的方式

将道路图像按照灰度分成多个区域，并在此基础上提取出道路区域、非道路区域和不确定区域，以形状、宽度、面积等先验知识为依据通过假设检验的方式对经过分割的各个区域进行判断和分析，进而达到分割道路区域的目的。

② 基于纹理的道路检测。基于纹理的道路检测可以利用 Gabor 变换的方式来采集道路图像中的纹理结构信息，并借助投票来找出消失点，测算出所有像素点的置信值。从实际操作上来看，基于纹理的道路检测需要先明确各个道路边缘的概率并进行比较，再利用先验知识确定最终的道路边缘，进而在不同的场景中实现有效的道路检测与识别，但同时这种道路检测与识别方式也存在效率低的不足之处。

③ 道路边缘检测。从流程上来看，道路边缘检测需要先对道路图像进行预处理，再利用边缘算子完成边缘提取任务，最后借助二值化来获取道路边缘。具体来说，图像预处理可以针对道路图像的具体实际情况找出感兴趣区，并通过中值滤波、高斯滤波等方式来去除噪声，强化边缘。

Cann、Roberts、Laplace、Prewitt、Sobel 等边缘算子是支持系统完成边缘提取任务的重要工具。在边缘算子的选择方面，系统需要在全方位了解各类边缘算子的处理时间、边缘提取结果等要素的基础上找出最符合车辆实际需求的边缘算子。例如，对于在实时性方面要求较高的车辆来说，系统可以利用 Sobel 算子来完成边缘提取任务。

道路边缘检测与道路边界搜索之间关系密切。具体来说，道路边界搜索指的是在道路图像中梯度较大的边缘上沿梯度方向进行搜索，当道路环境的复杂度较高或存在强光照射、树木阴影等干扰因素时，道路图像中将会出现树荫边缘等干扰性边缘，且这些边缘还可能存在交叉问题，导致边界检测的连续性大幅降低，进而影响到道路边界搜索的结果。

由此可见，道路边界搜索还需进一步增强抗干扰能力，降低或消除阴影、光照等因素的影响，同时充分发挥自身优势，获得更好的道路边界搜索结果。不仅如此，其他各类道路检测与识别方法也需要在综合考虑多种特征的基础上进一步提高算法的鲁棒性，避免阴影、光照等因素对自身的检测与识别结果造成影响。

（2）基于道路模型的方法

一般来说，结构化道路具有形状较为规则的特点，可以使用道路模型来进行道路曲线识别。为了实现更好的道路检测与识别，相关研究人员需要加强对基于道路模型的方法的研究。就目前来看，当前使用较为广泛的道路模型主要包括直线模型和多项式模型两种。

① 直线模型。这是复杂度最低的一种道路模型。在使用直线模型进行道路检测与识别的过程中可以利用 Hough 变换等方法检测出图像中的直线，并将两条相

交于消失点的直线判定为道路边缘,从而达到解决摄像机透视变换造成的道路图像中的道路边缘相交的问题。

② 多项式模型。其大多用于曲线道路边界检测当中,能够在有效抵抗阴影、光照等因素的干扰的同时通过选择参数来确定曲线的方向和曲率。具体来说,基于道路模型的方法要求道路的形状相对规则,能够与预定的数学模型相符,因此当道路形状不规则时,则无法利用提前选好的曲线模型来对道路图像进行检测与识别。

6.1.2 道路检测与识别算法

道路检测与识别算法能够采集道路图像中的道路特征信息,从而在数据信息层面为驾驶员和计算机控制车辆行驶提供支持。一般来说,结构化道路上大多具有十分明显的车道线标志,道路检测与识别算法可以直接对结构化道路上的车道线进行检测和识别;非结构化道路中通常没有明显的车道线标志,因此道路检测与识别算法在对其进行检测和识别时还需借助其他特征信息。

现阶段,常用的道路检测与识别算法主要包括基于模型匹配的方法和基于特征的图像分割方法两种,如图6-2所示。

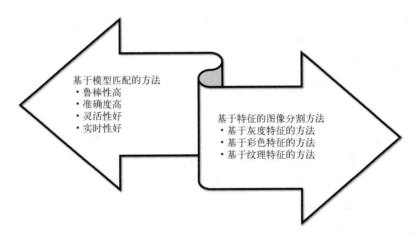

图6-2 常用的道路检测与识别算法

(1)基于模型匹配的方法

大多数道路通常都具有相对规则且符合一定规律的形状,相关工作人员在进行道路检测和识别时可以根据各项道路形状信息构建直线模型、抛物线模型、样条曲线模型等数学模型,并将道路曲线中的特征点看作模型控制点,进而以道路模型拟合的方式完成道路检测与识别任务。

在道路形状相对规则的情况下，道路模型匹配可以将道路曲线中的特征点作为曲线模型的控制点来对道路模型进行曲线拟合，防止阴影、光照、水域等因素对道路检测与识别的结果造成影响。

具体来说，道路模型匹配应具备以下几项特征：

① 鲁棒性高。强鲁棒性可以确保道路模型匹配能够有效抵抗阴影、光照等因素的干扰，在道路局部特征信息和特征点的精准度不足的情况下也能够较好地完成道路模型拟合任务。

② 准确度高。道路检测与识别算法所应用的道路模型应具备精准表现道路形状特征的能力。道路形状具有多样化的特点，不同道路的形状往往各不相同，导致道路模型拟合难度较高，难以仅利用几项道路模型参数就精准描述出道路的形状，因此相关工作人员在利用道路模型进行道路检测与识别时需要针对实际应用需求选择相应的模型参数。

③ 灵活性好。一般来说，道路形状具有复杂性和多样性的特点，因此道路模型应强化自身在求解模型参数方面的能力并确保自身构造的灵活性，防止出现因道路形状微变导致道路模型拟合方法难以继续发挥作用的情况。

④ 实时性好。道路检测与识别算法应具备较强的实时性。道路检测与识别算法通常会使用大量道路图像的特征信息来提高检测和识别的精准度，导致算法的运算量较大，模型的实时性难以得到充分保证，因此相关工作人员还需在确保算法准确性的同时进一步提高算法的效率。

（2）基于特征的图像分割方法

图像分割是一种可以广泛应用在多个领域当中的图像处理技术，能够按照图像的特性对图像的各个部分进行分类，以便进行图像分块和目标提取。在道路检测与识别的过程中，图像分割可以在道路区域分割环节发挥重要作用。

为了有效解决道路环境变化带来的道路区域与非道路区域的特征不确定且可能出现交集的问题，相关研究人员开始不断加大对道路图像分割算法的研究力度，力图利用该算法来解除阴影、光照、水域等外界环境变化以及车辆运动等因素对道路检测与识别的干扰，增强道路检测与识别的准确性和高效性。具体来说，基于特征的道路图像分割方法可以按照道路图像特征信息划分成基于灰度特征的方法、基于彩色特征的方法和基于纹理特征的方法三种类型。

① 基于灰度特征的方法。该方法常被应用于一些简单情况当中，具有提出时间早和计算难度低等特点，能够通过将道路图像转换成灰度图像并计算灰度梯度变化的方式找出道路边界点，再充分发挥 Hough 变换、最小二乘法等算法的作用，

实现道路边缘提取。

在使用边缘提取算法进行道路检测与识别的过程中，实验人员需要根据自己的经验设定多项参数，因此该算法存在灵活性较低、可靠性不足等问题。基于灰度特征的分割方法凭借自身实时性强和计算难度低的优势在道路检测与识别方面发挥重要作用，但难以在存在破损、阴影、光照等因素影响的复杂道路环境中准确高效地完成道路边缘检测与识别工作。

② 基于彩色特征的方法。与灰度图像相比，彩色图像中具有亮度、色调饱和度等多种信息，所蕴含的信息量更大。一般来说，人的视觉对颜色的深浅区分大约为 130 级，对明亮度的区分大约为 20 级，因此能够表现出多种信息的彩色道路图像能够在道路检测与识别过程中发挥更大的作用。基于彩色特征的方法具有信息量大、灵活度高、抗干扰能力强等优势，能够有效避免阴影、光照和水域等因素对道路检测与识别的干扰。

基于彩色特征的方法可以利用神经网络、颜色直方图、支持向量机（support vector machine，SVM）和混合高斯模型等方式按照颜色分布信息将图像分割成道路区域和非道路区域，进而达到检测和识别道路边缘的目的。

③ 基于纹理特征的方法。纹理特征是一项能够体现出图像的像素灰度级空间分布且不受物体灰度和颜色影响的属性，通常与物体的质地、结构、尺寸、方向和形状等要素息息相关。基于纹理特征的方法能够通过对图像结构方向的计算来掌握图像中的各个区域的纹理特征信息，并据此对图像进行分割，以便进一步根据道路区域的先验特征对道路区域进行分割。

非结构化道路具有道路边缘和颜色区分不明显的特点，难以通过颜色来检测和识别道路区域与非道路区域，相关检测人员需要利用基于纹理特征的方法来提取道路图像的纹理特征，并根据车辙印等信息实现道路检测与识别。

6.1.3 道路障碍物检测与识别

智能网联汽车通过安装道路障碍物检测与识别系统，可以自主探测车辆周围障碍物，如行人、车辆等，能够对潜在危险进行报警提示、对可能的碰撞危险做出应对措施，进而保证生命财产安全，可以减少交通事故的发生频率，保证行车安全。

智能网联汽车装有诸多系统，如控制系统、定位与导航系统、环视系统以及前置视觉系统等，障碍物检测与识别系统也是其中之一。该系统拥有捕获图像信息、道路检测、障碍物识别等多个模块，如图 6-3 所示。

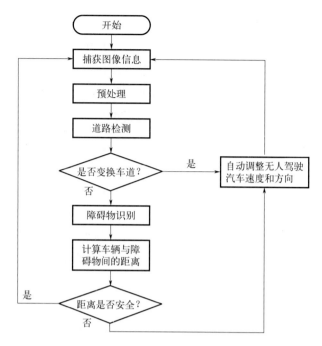

图 6-3　障碍物识别系统工作原理

（1）捕获图像信息

捕获图像信息模块主要是利用视觉传感器这一图像处理传感技术获取车辆周围的实时图像信息。视觉传感器相当于自动驾驶汽车的"眼睛"，通过图像捕获可以有效避免汽车的碰撞与偏离，一旦车辆周围有潜在危险，传感器便会进行报警提示，从而保证车辆行驶的安全性。

（2）图像预处理

预处理模块主要是把图像利用二值化、去噪等方法降低维度，进而分拣出来交给识别模块识别。将图像进行预处理主要是为了清除掉图像中不相关的信息，恢复有价值的真实信息，由此加强障碍物的特征提取，最大程度地简化数据，加强匹配与识别的可靠性。

（3）道路检测

道路检测模块主要是利用最小二乘法与霍夫变换来实时监测车道边界线，以此确定车辆所行驶的车道正确与否，这样可以有效避免车辆偏移造成的识别障碍。这里所用到的最小二乘法适用于曲线拟合，可以凭借最小化误差的平方和来找寻最佳的函数方程，属于一种数学优化技术。而霍夫变换的基本思想则是利用坐标变换来检测直线与曲线，随着这一思想的推广，这一理论实现了将检测整体特性转化为检测局部特性，做到了将曲线检测问题转化为参数的峰值问题。

（4）障碍物的识别

障碍物识别模块中所涉及的检测障碍物的方法主要有以下三种：

① 基于先验知识的检测方法。根据已有的先验知识（障碍物的纹理、颜色等）来处理图像，然后通过匹配快速识别障碍物，还可以据此来确定行驶车道，追踪道路。

② 基于立体视觉的检测方法。该方法根据摄像机观察视点的不同分为双目视觉检测和三目视觉检测，主要通过各摄像机的不同视角图像计算，由此来识别障碍物位置。

③ 基于运动学的检测方法。通过四线激光雷达与三维激光雷达作为运动障碍物的检测传感器，之后融合两者获取的障碍物运动的数据信息，可以做到更加精准地测量动态障碍物。

（5）计算车辆与障碍物间的距离

计算车辆和障碍物间的距离主要依靠毫米波雷达、超声波雷达和激光雷达等传感器来进行，利用声波（电磁波/光波）从发射到返回的时间间隔来计算待测物与车辆之间的距离。举例来讲，如果使用超声波传感器，那么传感器会发射一组40～45kHz 的高频声波，当声波遇到物体后会被反弹回来，并被接收，通过计算声波由发射到返回的时间，再乘以声波的传播速度，就可以求出物体与传感器之间的距离了。

6.1.4　可行驶区域检测与识别

为了帮助车辆规划路径，合理躲避障碍物，可行驶区域检测与识别技术也被应用于自动驾驶汽车中，主要用于路面检测，既能进行完整路面检测，也能进行部分关键路面检测。究竟选择整个路面检测还是部分路面检测还需要结合实际情况来决定，只要能够实现有效的路径规划和合理的障碍物躲避即可。

车辆的可行驶区域主要包含以下三种路面：

① 结构化路面。主要指高速、国道、城市主干道等有道路边缘线的路面，通常情况下，这种路面结构单一，面层的颜色和材质较为统一。

② 半结构化路面。主要指部分分支道路以及广场、停车场等，相对于结构化路面，这类路面面层的颜色与材质差别较大，不属于标准化的路面。

③ 非结构化路面。主要指自然的、未被修缮过的路面，这类路面没有结构层。

由于对可行驶区域检测是自动驾驶汽车进行路径规划的必要条件，所以城市的自动驾驶车辆要着重做好半结构化和结构化路面的检测识别，而对于越野车等适用于野外的自动驾驶汽车，还要关注非结构化路面的检测与识别问题。

接下来主要介绍基于视觉的路面检测方法，其实针对不同的环境会有不同的检测方法。而这些方法也会有相似之处，目前常用的方法有基于道路模型、路面纹理、路面颜色等特征来进行检测的方法，根据以上特征来获取灭点、道路边缘线和基本走向等潜在信息，然后依靠这些特征来提取可行驶区域。当然，还有结合雷达进行辅助检测的方法，如基于视觉和雷达的道路场景三维重建，不过这种方法已经脱离了传统的基于视觉的路面检测方法。

（1）直接特征：颜色

就半结构化和结构化路面而言，颜色特征极为显著。因为结构化的沥青路面使得路面颜色集中，利用 RGB 进行色彩提取时较为容易，对于机器学习来说，也较容易操作，可以通过监督学习来手动标注路面数据集，进而学习到路面颜色与非路面颜色的分割区域，同时也要关注颜色特征之外的其他特征，之后将二者贴上标签，这样就可以利用机器学习获得路面分割结果。

另外，高斯模型也是一种基于颜色特征的提取方法，主要通过分离前景物体与背景路面进行提取。这一方法适用于路面车辆较少的情况，这时前景与背景间的分割效果较好；一旦前景物体过多，颜色分布范围扩大，这种方法便会受限，不容易将前景与背景分割。还有一种使用较为广泛的方法是光照不变性方法，这一方法的优势在于能够解决光照不均以及遮挡时出现的阴影等相关问题。

（2）直接特征：纹理

纹理特征主要是指图像灰度空间分布模式的特征。纹理特征的提取与分析在遥感图像、细胞图像判读等方面都具有广泛应用。在路面检测与识别中，路面是否连续对于路面纹理的一致性具有决定性意义。通常情况下会采用 Gabor 滤波器来对路面进行纹理提取，这一滤波器对于边缘较为敏感，能够较好地提取道路边缘特征，具有尺度不变性且受光照影响小。Gabor 滤波器的优势还在于可以较好地提取车辆在路面行驶时留下车痕的纹理特征的方向，可以较好地展现路面的区域特征。

（3）直接特征：边缘

利用道路的边缘分界也可以进行路面检测，因为在半结构化和结构化的路面中，这种分界较为明显，可以采用边缘检测算子 Sobel、Prewitt 来完成提取。这种方法主要通过判断待测像素与周围像素差值来检测该像素点是否为边缘点。相比于 Sobel、Prewitt 算子，后来出现的 Canny 边缘检测算法的表现更加优异，它可以很好地定位边缘点，得到更加准确的边缘点信息，错误率低，同时能够对道路边缘内的区域去噪，进而提取精准的路面区域。

(4)间接提取：灭点

灭点主要指立体图形每条边的延长线的相交点，即透视点的消失点。结构化和半结构化路面的道路边缘存在平行直线，平行直线在图像中的交点位置与灭点位置相近，所以要想找出灭点，需要找到多对道路边缘线的交点的中心位置，以此来对灭点位置进行判断。非结构化的路面则无法采用以上方法，可以使用 Gabor 滤波器来找出灭点。

找出灭点后，以此来约束提取的路面边缘线，清除无效的直线。在结构化和半结构化的路面中，道路边缘线趋于平行，因此灭点与路面边缘线距离较近；在非结构化的路面中，灭点是借助 Gabor 滤波器提取的，要结合边缘特征经过处理后才能得到，获得之后可以据此判断道路边缘，进而提取三角形的路面行驶区域。

(5)分割方法：道路模型

道路模型分割方法的基本思想是在汽车前行的过程中，会有一些大的轮廓特征是不变的，这个轮廓特征指的就是道路走向，如直行、转弯。根据这一思想，可以预设一些道路模型，在道路特征提取的过程中用模型去匹配，或是改变道路模型使其适应更多的路面场景，由此来获取精准的道路路面区域。

不过传统的道路模型在面对路面遮挡时无法正常提取路面区域，因此相关研究人员提出了新的方法，即有车辆的判别方式。这样就能够保证在路面车辆聚集时系统仍能够提供有效的可行驶区域，消除了传统道路模型在路面遮挡条件下的局限性。

(6)图像变换方法：俯视图

俯视图的图像变换方法在众多路面检测方法中有其独具的优势，它可以利用俯视图来提取路面区域，不仅清晰直观，而且也有助于提高提取的准确率。值得注意的是，俯视图较之之前的前视图，视图矩阵发生了变换，各摄像机的高度不一、参数有别，需求解出相应的变换矩阵，进而得到俯视图。

6.2 车辆检测与识别

6.2.1 车型检测与识别方法

车型识别技术是道路交通视频监控系统应用的关键技术之一，它为道路交通管理提供了重要支撑。车型识别技术融合应用了数字信号处理、模式识别、计算机视觉等技术，该技术通过处理平台对摄像头采集到的车辆信息进行分类识别，将载客车、载货车、小汽车等车型标签与感知数据一一匹配，并根据交通管理需求将这些信息传递到对应的系统平台，从而为移动车辆稽查、车流检测与统计、超速检测与处罚等管理活动提供数据支撑。

此外，车型识别技术可以满足交通信息管理方面的实时性需求。管理系统可以基于车辆识别与统计数据完成智能化的通流管理、路网规划管理、收费管理等活动，从而提高路网通流效率，改善道路拥堵，促进交通运输环境优化。

（1）车型分类与检测技术

基于不同的应用需求，车型分类与检测的技术方案涉及身份识别和身份鉴定两个方面。

① 身份识别。顾名思义，"身份识别"的主要任务是识别出车辆的身份，判断其是否与规格、品牌、系列等已有模式对应，如图6-4所示。

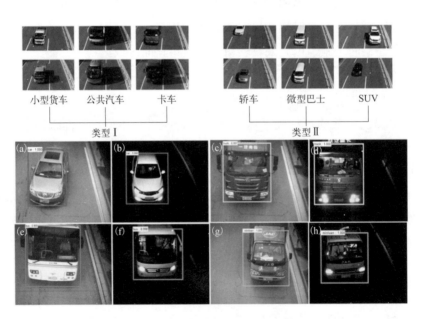

图 6-4　车型规格的分类与检测

- 规格模式类：以车辆的用途、体积为标准将车辆划分为不同规格，具体类型有小汽车、中型载客汽车、大型载客/载货汽车、工程用车、特殊作业车辆等。该模式类型的划分主要用于车流分析、公路收费等管理活动中。
- 品牌模式类：通过不同品牌、车系的固有特征来区分车辆品牌，例如马自达、宝马、别克君威等，相关统计数据可以服务于市场统计、公安稽查系统等应用场景。

- 系列模式类：通过车标或品牌标识来区分车辆厂家系列，例如东风、别克、三菱、大众等，其统计数据同样可以服务于市场统计、公安稽查系统等应用场景。

② 身份鉴定。"身份鉴定"一般是通过图片处理技术实现的，系统不仅要识别出车辆身份，还要支持与既有样本数据进行比对判断，例如比对在不同路段或时间点采集到的多张车辆图像是否属于同一辆车、查找该车过往行驶轨迹等。该方案主要服务于出入管理、图像检索、公安稽查等管理需求。通常，系统通过物理测量和图像处理两种方法实现对目标的识别与比对。

- 物理测量：通过一系列物理手段对车辆的宽度、高度、重量、声音等特征进行识别，可应用的物理装置包括金属传感器、声音捕捉装置、衡器、毫米波雷达等，所采集到的物理特征信息可以和视频画面一起存储到系统中，以便于比对识别。
- 图像处理：包括对静态图像和动态视频画面的处理、识别。识别静态图像时，可以通过提取车辆颜色、外形等特征信息并将其与离线图片库比对来达到识别目的；对动态视频画面的识别处理则更具有实时性，感知系统可以基于一定的图像分析算法和学习算法提取车辆与环境特征，再将这些信息与其他视频画面比对，进而实现对目标车辆的识别、追踪。

（2）基于图像（视频）处理的车型识别方法

目前，在基于图像（视频）处理的车型识别技术领域，研究者提出以下四种主要的实践方案。

① 根据车牌颜色进行分类和识别。我国对机动车号牌的分类方法及特征做出了明确规定，其中关于车牌颜色的规定如下：

- 普通小型车辆：发放蓝底白字（黑框）车牌；
- 大型车辆：发放黄底黑字（黑框）车牌；
- 领馆、使馆的外籍车辆：发放黑底白字（白框）车牌；
- 武警及军警车辆：发放白底黑字（白框）车牌；
- 教练车辆：发放黄底黑字（黑框）车牌。

由此，可以根据上述规定设计识别算法，从而根据车牌颜色自动判断车辆类型，该方案可以应用于收费站管理系统等场景中。但需要注意的是，这种关联判断式的识别方法应用范围有限，一旦规定发生了改变，识别算法也要及时变更，否则可能会引发管理混乱。

② 通过车标进行识别。在识别过程中，识别算法需要先定位到可能存在车标

的区域，然后用该区域内的图像与模板库中的数据进行比对，以识别出车辆品牌。其实现条件包括：一是要构建包括各种品牌的全面的车标数据库；二是要求识别区域不被遮挡，且所拍摄图像有较高的清晰度。如果车标被遮挡，则无法获得完整的车辆信息，因此该方法的应用场景有限。

③ 根据车辆轮廓信息进行识别。在该方法中，可以先通过图像分割技术和图像预处理技术将车辆从环境中分离出来，再利用滤波算法和边缘检测技术确定车辆的轮廓，对轮廓的前后比、顶宽比、顶长比、面积等几何特征进行计算，并将其作为分类依据，最后基于这些特征参数进行模糊识别，以确定车辆类型、用途等信息。该方案所应用的算法更为简洁，识别效率更高，但在实际应用中，提取轮廓的环节容易受到光线明暗、障碍物遮挡或拍摄角度的影响，因此该方案也有一定的局限性。

④ 以车辆纹理信息为核心进行识别。该方案以车辆纹理作为特征识别依据，需要应用高分辨率的摄像头进行画面采集，再利用背景建模技术和图像分割技术将车辆区域从背景环境中分离出来，并提取该区域的纹理特征，然后通过分类器（即用大量纹理样本训练的学习模型）对采集到的纹理特征进行匹配、分类，从而识别出具体车型。该方案的识别算法较为复杂，对学习模型的准确性要求较高，计算量较大，因此实时性能较弱，实现难度更大。

6.2.2 车牌检测与识别方法

车牌是车辆"身份"的重要标识，不仅可以通过车牌外观判断车辆类型，还能够通过车牌号码识别车辆的车主身份、所属地区等重要信息。目前所应用的主流的车牌识别方法可以分为以图像处理技术为基础的方法、以深度学习技术为基础的方法和两种技术相结合的方法。

以图像处理技术为基础的车牌识别方法主要采用了图像滤波、边缘检测和形态学等技术，其识别算法是基于拍摄角度和拍摄距离相对固定的场景需求设计的，可以在商场、停车场等场景中准确、快速地获取车牌信息。

在拍摄距离、拍摄角度灵活变化的动态场景中，传统的图像处理识别方法不再满足管理需求。而以深度学习技术为基础的车牌识别有更好的应用性能，可以准确、快速地识别复杂场景、动态画面中车辆的车牌信息，具体应用场景包括对手机拍摄画面、行车记录仪拍摄画面的识别。

（1）车牌识别技术工作原理

通常，车牌识别系统的完整工作流程包含了车辆检测、图像采集、图像预处理、结果输出等环节，如图 6-5 所示。当系统检测到车辆位于设定的识别区域时，会自动触发图像采集单元实时记录下车辆图像，进而触发牌照识别单元对图像进行处理，包括定位牌照位置、识别牌照文字等，最后输出正确的牌照号码并入库存储。

图 6-5　车牌识别系统的完整工作流程

其具体工作原理如下：

① 车辆检测。可以利用红外检测、雷达检测、埋地线圈检测等技术检测车辆位置，当车辆到达预定检测区域时，可以自动触发图像采集装置采集车辆画面。

② 图像采集。高清摄像头可以根据触发信号实时拍摄视频画面，并将采集到的画面传递到系统中以便于分析处理。

③ 图像预处理。通过相关图像处理技术对采集到的画面进行调整、校正，包括调整白平衡、调整对比度、过滤噪声、进行边缘增强等，以使图像符合识别算法模型的要求。

④ 车牌定位。对预处理完成的灰度图像进行行列扫描，定位车牌区域。

⑤ 字符分割。进一步对车牌区域进行灰度化、二值化处理，精确定位字符位置，然后基于字符的尺寸特征进行分割。

⑥ 字符识别。分割后的字符实际上可以看作具有结构性特征的不同的图案，将这些图案与字符数据库模板中的标准字符表达形式相匹配，就能够准确判断出字符名称。

⑦ 结果输出。以文本格式输出车牌识别结果。

（2）车牌识别技术工作流程

车牌识别系统一般采用模块化的设计，识别过程包含的不同环节都可以作为某一单独模块存在，如图 6-6 所示。

① 车辆检测跟踪模块。该模块的主要作用是定位视频画面中车辆的位置，跟踪移动车辆，从而在最佳拍摄时机（例如无障碍物遮挡、精准对焦后）抓拍车辆的特写照片，获得清晰、有效的画面以便于系统识别。车辆检测跟踪模块有利于保证

识别结果的准确度，同时能够直接输出无牌车辆信息。

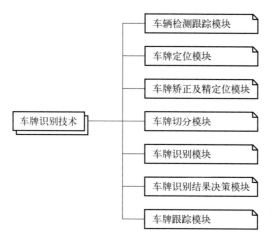

图 6-6　车牌识别技术工作流程

② 车牌定位模块。该模块在识别流程中起到了关键作用，不仅为后续环节的运行奠定了基础，还对整体系统性能有着重要影响。随着计算机技术的发展，车牌定位模块采用了一种新的、基于学习模型的特征融合算法，学习模型经过大量数据训练后，能够满足多种复杂道路环境和拍摄角度的识别需求。

③ 车牌矫正及精定位模块。定位到车牌所在区域后，还需要对车牌画面进行校正和精定位，改善因拍摄条件限制造成的画面歪斜、模糊等问题，提高车牌图像质量。针对摄像头画面设计的图像处理滤波器可以根据车牌图像的完整信息进行快速计算，降低局部噪声对画面的影响，从而获得有利于识别的图像信息，为后续环节奠定基础。此外，该算法可以通过多个中间结果对车牌进行精定位，从而降低了非车牌区域对处理过程的干扰。

④ 车牌切分模块。该模块可以基于车牌文字的颜色、灰度、边缘分布等特征数据，自动切分车牌画面。该模块算法有较强的适应性，可以有效抑制车牌周围的噪声干扰，能够处理一些噪声较大或有一定倾斜角度的车牌画面，在移动式稽查等场景中可以取得良好效果。

⑤ 车牌识别模块。为了获得准确的车牌信息，该模块一般会根据层次化的字符识别流程，应用多种算法模型对车牌文字进行识别。此外，模块中集成的智能算法可以对需要识别的字符图像进行预处理，使图像质量进一步提高，使相似字符更容易被分辨，同时尽可能完整保留图像信息，以确保识别输出的内容准确可靠。

⑥ 车牌识别结果决策模块。该模块可以基于车辆经过检测区域留下的历史数

据来评估当前识别结果的综合可信度，具体参考的度量值包括车辆速度稳定性、车辆运行轨迹稳定性、识别结果稳定性、平均可信度、观测帧数和相似度等。该决策模块根据可信度决定是否输出识别结果，如果可信度较低，则将继续跟踪的指令信号传递到相关执行模块，执行新的识别流程。这一方法实现了对既有信息的充分利用，与以往基于单一图像获得的识别结果相比，可以有效避免偶然性错误，且有利于提高识别结果的可靠性和正确率。

⑦ 车牌跟踪模块。该模块集成了先进的更新模型和运动模型，可以识别通过跟踪拍摄获取的图像帧，并从中提取、记录下车辆的车牌位置、车牌外观等信息，辅助识别算法进行可信度评估。该模块应用的算法模型有着较强的容错能力，可以有效应对画面中短暂出现的清晰度问题或遮挡问题，通过对车牌的跟踪、预测，提高识别精度，修正识别参数，最终输出正确的识别结果。

6.2.3 车辆时空参数识别

车辆时空参数识别主要是指通过分析车辆在时间和空间两个维度上的行为特征，获取车辆的行驶轨迹、运行状态等信息，例如车辆所在车道，与参照物的相对位置、相对距离，以及车辆运行速度等，这些信息是智能交通管理系统、监测系统的重要组成部分，可以为交通道路建设规划、道路或桥梁受力分析、交通安全评估、交通流量管理等活动提供重要支撑。

（1）车辆时间参数识别

车辆时间参数包括车辆的行驶速度、加速度、行驶时间等。其中，识别车速的过程，也是对目标进行动态追踪的过程，这一过程是通过运动目标检测方法实现的，具体的图像处理方法包括帧间差分法、背景差分法和光流法等。

帧间差分法和背景差分法所应用的算法相对简单，对不同光照条件下采集的图像适应性强，且实时性较高，但识别准确率有限；光流法的识别准确率较高，且不需要先验信息，能够准确识别出车辆及所处环境的动态信息，但其迭代运算算法比较复杂，容易受到噪声干扰，无法实现对目标的实时跟踪与数据更新。

目前，融合应用多种方法进行车速识别是主要发展趋势，这有助于在获得准确识别数据的同时兼顾实时性。例如，有研究者基于摄像机的帧频数据、四条入侵线的位置数据和车辆的运动模式矢量数据建立了车速概率密度函数模型，其工作原理如图 6-7 所示。该方法实现了较高的识别准确度，经过验证，其平均误差一般低于 1.77%。

图 6-7　车速检测

（2）车辆空间参数识别

车辆空间参数主要包括车辆所在车道、不同车辆间的相对距离、车辆在桥梁或车道上的横纵向位置等。其中，对车辆在车道上相关参数的检测主要是通过传统图像处理方法和基于深度学习模型的检测方法来实现的。

① 传统图像处理方法。主要是指形态特征算法，具体又可以分为基于车道线特征的检测法和基于数学几何模型的检测法。前者主要通过分割和聚类的算法提取车道线特征，包括边缘、颜色、纹理、灭点等，其运算过程比较简单，但在车道线被遮挡、破损或拥挤路段等条件下的应用性能较差；后者则是基于特定的数学几何模型，将车道线特征信息作为参数代入模型中计算，最终获得准确的车道信息，该方法可以适用于车道线被遮挡或中断等情况，但对可变的、多样化的车道状况缺乏灵活性，难以满足复杂场景的检测需求。

② 基于深度学习模型的检测方法。与传统图像处理方法相比，该方法不需要对道路结构形式做任何假设，且检测准确度有了明显提高，能够适用于晴天、阴天、桥下、岔路、车辆干扰、障碍物遮挡、车道线残缺、直线、弯道等多种道路场景，具体如图 6-8 所示。

目前，一些厂商尝试将传统图像处理方法与基于深度学习模型的处理方法相结合，从而更好地满足复杂道路环境下的车道检测需求。例如，二者的结合可以形成基于路面标线检测的、以灭点为导向的端到端引导网络，从而在阴雨天气或光照不足的环境中获取准确的道路标线检测数据。

另外，进行动态车辆距离检测时，一般可以应用双目测距和单目测距两种方法。其中，双目测距是指利用两个摄像头采集图像，并基于图像进行特征点匹配和视差计算，进而获得距离参数。该方法原理比较简单，但由于车辆在高速行驶中产生的颠簸会使摄像头抖动，摄像头难以精准定位其初始相对位置，从而容易产生较大的测量误差。

图 6-8 车道检测

单目测距则是一种利用单个摄像头测量距离的方法，在应用早期主要通过目标车辆下方的阴影特征及不同特征之间的几何关系进行测量。其系统结构比较简单，但准确性有限，在乡村道路、转弯道路等车道线不易识别的场景中，难以获得准确的车距信息。随着应用深化，有研究者提出了一种新的立体视觉车辆测距方法（如图 6-9 所示），深度学习技术也被引入到车辆测距算法中。

图 6-9 车距检测

单双目摄像机与人工智能融合应用是近年来车辆测距技术发展的主要趋势,这有利于对摄像头采集到的图像信息进行全面分析,从而获取较为准确的动态车距数据。在具体应用中,在单双目摄像机和深度学习模型的支持下,智能化的驾驶员辅助系统可以快速计算出自车与检测目标之间的距离,计算误差甚至小于1m。

6.2.4 车辆重量参数识别

车辆重量参数识别是强化交通管理的重要一环,它为道路状态评估、桥梁使用状况评估、车辆超载限载管控等管理活动提供了基础数据支撑。由于车辆的载重能力与车轴数量有密切联系,在一定条件下,车轴越多,车辆越长,载重量就越大,因此早期一般以车轴数量作为识别车辆重量的重要依据。当车辆经过高速收费站时或桥梁时,监控摄像头可以自动识别车轴数,但相关算法的测量精度低,且实时性差。

后来,点云技术和霍夫变换(Hough transform)❶图像处理技术被应用到车轴识别领域,有效提升了识别精度和识别效率。该方法采用的摄像头一般安装在道路两侧,其拍摄方向与交通流垂直,摄像头完成图像采集后,系统可以通过霍夫变换提取检测对象特征,然后基于算法进行模板匹配,最后输出车轴检测结果(如图6-10所示)。通常,高分辨率的双摄像头系统有助于改善检测效果,而超高分辨率的CMOS(complementary metal oxide semiconductor,互补金属氧化物半导体)相机系统可以辅助验证检测结果。

图像处理算法、摄像机等技术的进步促进了非接触式测量技术的发展,也促使车辆重量参数识别的可靠性不断提升,这为道路交通管理,尤其是桥梁状态监测管理提供了重要支撑。目前,非接触式桥梁动态称重法体现出了实时高效、不破坏路面、不干扰交通流、安装便捷等优点,由此得到快速普及应用。

此外,路面称重系统的应用方向进一步扩展。一些研究者将该系统与计算机视觉技术相结合,由此获得车辆重量的时空分布信息。例如,在识别车辆载重量的同时,计算机视觉系统可以基于道路(或桥面)上分布的多个摄像头跟踪并获取车辆的运行轨迹和实时位置,再整合识别数据以输出检测区域范围内的车辆荷载时空分布情况。

计算机视觉技术还可以用于识别桥梁的形变状态,即利用双摄像头拍摄桥梁的形变画面,基于图像处理算法提取形变特征,计算出梁底亚毫米挠度❷,再将挠度、桥面交通车流数据等代入BWIM系统(bridge weigh-in-motion system)进行

---

❶ 霍夫变换(Hough transform):一种能够提取特定形状特征的图像处理技术,主要用于识别图像中物体的边缘或形状。

❷ 梁底部的挠度即梁底部的挠曲变形量,描述了梁在受到荷载作用时,底部发生纵向位移的情况,单位为亚毫米,它是评估梁结构的重要参数之一。

计算，进而获得车辆轴重、车辆总重及桥梁实时载重量等信息，实现非接触式重量识别。

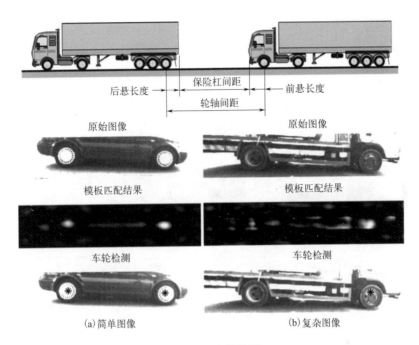

图 6-10 车轴检测

另外，轮胎的变形情况也可以直观反映车辆荷载情况，因此一些研究者将轮胎变形情况作为重要的识别特征，通过计算机视觉计算出形变参数，并结合该参数与载重量之间的关系对车辆重量进行计算。其工作原理如图 6-11 所示。

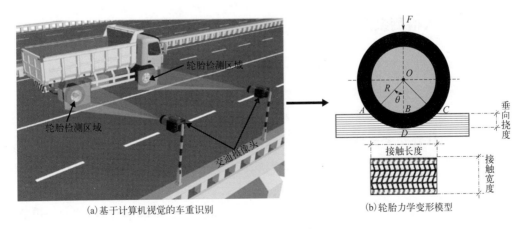

图 6-11 车重检测

在实际的检测过程中，为了保证检测数据的可靠性，为桥梁载重管理、智能交通道路管理提供有力支撑，通常需要同时获取关于检测目标的多个参数信息，包括车辆类型、轴数、轴重、长度、运行速度、运行轨迹等，如图6-12所示。目前，研究者开发的基于深度学习算法 Faster R-CNN 和机器视觉技术的车辆多参数识别系统，不仅是辅助车辆信息识别的重要工具，也是智慧交通系统、道路监测系统的重要发展方向之一。

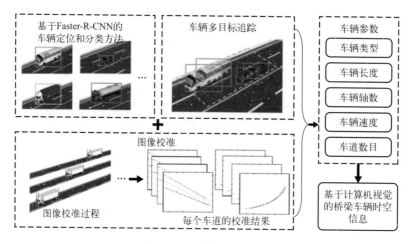

图 6-12　车辆多参数识别

6.3　行人检测与识别

6.3.1　行人检测系统的技术与应用

近些年来随着经济的发展和人民生活水平的提高，我国的私家车保有量持续增长，这在方便人民群众出行的同时也造成了不少交通事故，尤其是行人与车辆之间的交通事故，常造成行人的伤亡。在这种情况下，道路交通安全管理以及车辆的行驶安全被越来越多地关注，高级驾驶辅助系统因其更安全、更智能的特点受到众多消费者的青睐，其未来在我国的普及与推广将成为汽车领域的必然趋势。

作为高级驾驶辅助系统的重要技术支撑，行人检测技术不仅具有广阔的应用前景，还具备较大的经济价值。这项技术主要通过传感器来感知汽车前方的车辆、行人等障碍物,并且向驾驶人员发出提示或警告,避免发生碰撞,减少财产损失和人员伤亡,有效避免行人与车辆之间交通事故的发生。

应用此项技术的益处还在于如若车内驾驶员未能按照提示或警告做出相关操作避免碰撞,那么可采用驾驶系统替代驾驶员完成相关操作,有效减少交通事故发生的可能性。

(1) 行人检测系统

行人检测系统(pedestrian detection system,PDS)是高级驾驶辅助系统(advanced driving assistance system,ADAS)的重要组成部分,也是支撑智能网联汽车的一项核心技术。它不仅能够提高驾驶的安全性,还能有效保障行人生命和财产安全,具有较高的实用价值。近些年随着智能网联汽车的蓬勃发展,PDS 得到了更加广泛的关注。

PDS 亦称行人检测预警系统(pedestrian detection and warning system,PDWS),因为其兼具行人检测和报警提示两种功能。该系统是集成在 ADAS 中的一个自主且智能检测行人的系统,对于车辆准确探测其四周行人,及时控制车速,保证行车安全具有重要意义。

在实际应用中,PDS 所面对的交通对象众多,场景多变,可谓是挑战重重。这些复杂的环境迫使 PDS 要不断提升自身的实时性、稳定性以及适应性,持续进行自我革新。目前 PDS 因其在人工智能、信号处理、模式识别以及自动化控制等领域的应用,得到了更多的关注与研究。

(2) 行人检测技术

当前的行人检测技术可凭借激光雷达、摄像头等传感器来捕捉道路实时信息,通过深度学习以及机器视觉等技术来进行处理与分析,由此完成行人的识别与跟踪任务。该技术涉及的主要算法有方向梯度直方图(histogram of oriented gradients,HOG)、哈尔特征(Haar-like features,Haar)以及卷积神经网络(convolutional neural networks,CNN)。

HOG 特征提取算法主要凭借计算和统计图像局部区域的方向梯度直方图来进行行人检测,这一算法是比较适合用于图像中的人体检测的;Haar 最早应用于人脸表示,后来经过扩展建立级联分类器,由此达成检测行人的目标,属于基于机器学习的一种检测方法;CNN 是一种基于深度学习的检测方法,能够凭借端到端的训练,增强特征的可分性,得出高效的检测模型,是当下行人检测技术较为常用的一种算法。

(3) 行人跟踪技术

行人跟踪技术要比前文谈到的行人检测技术更为复杂,因为它要在检测行人的基础上进行追踪，这就意味着既要获取行人的位置、状态信息，还要建立行人模型和预测。在这一环节中，精准建模是核心环节，因为行人在真实的交通场景中表现多样，如侧脸、正面朝向、背面朝向、刚体运动等，所以进行精确建模变得尤为重要。

模型的跟踪、更新及预测一般通过粒子滤波器或卡尔曼滤波器来完成。粒子滤波器的思想基于蒙特卡洛方法，通过粒子集表示概率，主要利用随机生成的一组样本来预测行人可能的运动状态，以此达成跟踪行人的目标。卡尔曼滤波器主要是根据前一时刻状态预测当下时刻状态，然后把预测时刻状态和当下时刻的测量值进行加权平均，属于递归的状态估计算法，能够较好地解决线性的状态估计问题。

（4）行人检测与跟踪技术的应用

以上两种技术是自动驾驶系统的重要组成部分，在这两项技术的加持下，智能网联汽车可以更好、更加智能地实现车辆与行人间的交互，也能够进一步保证车辆行驶过程中的安全性与舒适性。

应用于智能网联汽车中的行人检测技术能够辅助车辆进行自动制动、行人避让以及车速控制等操作，有效避免交通事故的发生。行人跟踪技术则能够使车辆更好地做到行人的追随与避让，保证行车的稳定性和流畅性。

除去以上两项技术，智能网联汽车还配备了其他技术来应对恶劣的天气条件或夜间行驶，例如超声波雷达、毫米波雷达、红外线传感器等，利用这些传感器来识别行人运动状态。在条件允许的情况下还可以利用深度学习算法来对数据进行学习和建模。

6.3.2 基于计算机视觉的行人检测

基于计算机视觉的行人检测主要是通过汽车上搭载的摄像机等传感器来检测行人，以此探测车辆周围的潜在危险，进而通过相关操作来保证行人安全。这项检测技术因其较强的实用价值获得了较高关注，逐渐成为智能汽车和计算机视觉领域的热点课题。

安全驾驶辅助系统中的行人检测技术所面对的情况较为复杂，除了要关注行人的姿态、服装变化，还要注意以下事项：

① 对于开放的环境，需注意路况的差别以及光线与天气情况的变化，要增强算法的鲁棒性；

② 由于摄像机处于运动状态，所以不可以直接使用智能监控检测动态目标的

方法；

③ 要满足系统的实时性，不可采用过于复杂的图像处理算法。

感兴趣区（region of interest，ROI）分割与目标识别是构成行人检测系统的重要模块。其中分割感兴趣区的方法主要有以下四种：

① 基于运动的方法。检测场景中的运动区域，进而得到感兴趣区。

② 基于距离的方法。利用立体视觉或雷达等传感器测出汽车与目标间的距离，进而得到感兴趣区。

③ 基于摄像机参数的方法。摄像机参数及其安装位置也很重要，其对于行人在图像上出现的位置以及大小有较多限制，可以根据这些限制条件缩小搜索空间。

④ 基于图像特征的方法。利用行人的相关图像特征来得到感兴趣区，例如在红外图像中，可以利用人体或人脸温度高于周围环境这一特点来通过"热点"检测得到感兴趣区。

具体的行人检测系统框架如图 6-13 所示。

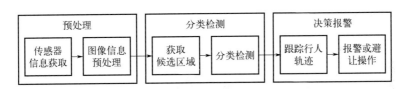

图 6-13　行人检测系统框架

根据图 6-13，可以看到整个系统框架分成了三部分，也就是三个阶段：

① 第一阶段是预处理。由车辆搭载的传感器来获取汽车前方的图像信息，之后对这些信息进行增强、降噪等预处理。

② 第二阶段是分类检测。采用相关图像处理技术来获取行人候选区域，即分割感兴趣区，进而运用分类检测等方法验证感兴趣区，判定其是否含有行人。

③ 最后阶段是决策报警。跟踪有行人的区域，获取行人运动轨迹，同时判断行人与车辆是否会发生碰撞，若可能发生，则进行报警提示或代替驾驶员操作，避免事故发生。

在以上的三个阶段之中，第二个阶段，即分类检测是最关键的。作为实时系统，分类检测的算法需具有较强的实时性，一些处理图像较为复杂的算法无法满足需求；由于检测场景的开放性，各种条件变化多样，模板匹配法也无法满足相关需求；同样地，3D 建模受制于自身的前提假设，也不符合要求。所以当下主流的方法还是通过各种分类器来进行行人检测。

分类检测算法之所以被选中，不仅因为其较强的鲁棒性，还因为它可以恰当地选取样本与特征，能够克服诸多不利因素，例如场景、光照以及行人等变化的影响。

目前使用较多的分类器有支持向量机、神经网络等。分类器一般都是经过大量正负样本训练得到的。把提取的图像的特征值和像素值输入分类器，而后得到该物体是否为待测物体的判断，这一判断通常以概率值的形式进行呈现。分类器在处理样本时主要通过特征向量来判定样本中含待测物体与否。分类器优质与否取决于样本、分类算法以及特征，结合好以上三者，才能提升分类器性能。

6.3.3　行人检测与跟踪的主要方法

行人检测与跟踪技术涉及许多领域，例如人工智能、模式识别等领域，也触及了很多热点课题，是一个难度较大的问题。现阶段，此项技术检测的主要方法有三种，如图 6-14 所示。

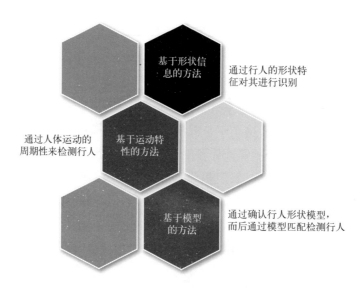

图 6-14　行人检测与跟踪的主要方法

（1）基于形状信息的方法

这种检测方法主要通过行人的形状特征对其进行识别，有效避免了摄像机运动和背景图像变化,所以可以准确识别出运动及静止的行人。这种基于形状信息的检测方法在意大利和德国得到了相关验证。

意大利帕尔马大学教授 Alberto Broggi 的团队曾开发一款名为 ARGO 的汽车原型。该项目中便采用基于外形的行人检测算法,根据获取的图像信息确定感兴趣区,再通过计算选取候选区,进而通过模型匹配确定行人的头部。通过市区试验发现,在行人完全出现在视野中时,这一方法具有较好效果,附近 10~40 米之内都能够做到准确识别,而且受外界干扰较小。

德国 Daimler-Chrysler 的研究人员 Gavrila 等人研发的全局模板方法可以用来快速检测行人。这一系统主要有两步,先是进行等级模板匹配,在这一过程中按照行人轮廓特征锁定候选目标,进而运用相关信息与函数对候选目标进行验证。该系统也在城市交通中得到了实际检验。

目前这一方法尚存在两个问题:一个是行人运动过程中难免会出现遮挡,这在一定程度上增加了通过形状检测行人的困难;另一个是行人的形状信息多种多样且富于变化,算法要关注的样本信息过多,计算量较大。

(2)基于运动特性的方法

基于运动特性的方法主要是通过人体运动的周期性来检测行人,运动是场景图像中感兴趣区的关键信息。德国 Daimler Benz 研究中心 B Heisele 的研究就是通过目标行走时腿部的运动特征来检测行人的。这种方法会把每一幅图像进行分割,得到区域图像后对像素按照颜色、位置等特征完成聚类,之后在每幅图像里匹配相应的类,对各类进行追踪。这时运用分类器来选择符合人的腿的类,最终分离出行人腿的类。

该方法主要凭借行人的运动模式或节奏特征来检测行人,不受背景变化和摄像机运动的限制,但仍存在一些局限:一是不能识别非运动状态的行人;二是行人的脚或腿不能受到遮挡;三是需要连续的图像信息,造成识别时间过长。

(3)基于模型的方法

该方法主要是先确认行人形状模型,而后通过模型匹配检测行人。行人模型包括线性模型、轮廓模型以及立体模型等。

基于线性模型的方法主要是利用人体的骨骼运动,将身体的相关部分通过直线进行模拟。基于轮廓模型的方法主要是通过自动连续更新的封闭曲线轮廓来描述运动目标。针对这种方法,美国马里兰大学和明尼苏达大学都做过有益的探索。通过实践证明,基于轮廓模型的方法可以简化计算,而且如果在初始阶段可以完成目标分类和轮廓初始化,那么它可以做到在有部分遮挡时仍持续跟踪,不过初始化还是有一定难度的。

6.4　交通标志检测与识别

6.4.1　交通标志识别的技术原理

交通标志是以文字或符号的形式向交通参与者传递引导、限制、警告或指示信息的道路设施，也是保证道路交通安全、顺畅的重要设施，因此交通管理部门需要充分确保各个交通标志的准确性和实时性。传统的交通标志检测和识别方法对人工的依赖性较强，现阶段，计算机技术的快速发展推动了交通标志检测和识别的升级，交通标志检测和识别与深度学习、计算机视觉等先进技术的融合逐渐成为交通领域的相关工作人员大力研究的内容。

就目前来看，交通标志具有数量大、分布范围广、种类多等特点，能够向车辆驾驶员和行人传达明确的交通指示信息，提高道路交通的安全性和秩序性。但受灰尘、污损、遮挡等因素的影响，交通标志检测和识别可能会出现难以识别或识别精度降低等问题，难以充分发挥作用，尤其是道路中出现车辆密度较大、车流速度较快、行人数量较多等问题时，依赖人工的交通标志检测和识别的准确性和实时性都可能会大幅降低。

与传统的交通标志检测和识别相比，融合了深度学习和计算机视觉等先进技术的交通标志检测和识别具有更高的准确率和实时性。从作用原理上来看，融合了深度学习和计算机视觉的交通标志检测和识别能够精准高效地自动检测、识别、处理和分析各类交通标志图像，并在此基础上生成相应的指示信息，以便指导车辆行驶，为道路交通安全提供保障。

（1）交通标志识别的原理

交通标志识别（traffic sign recognition，TSR）就是在车辆行驶过程中采集道路交通标志信息并进行识别，同时生成相应的指示信息或警告，为驾驶员安全地驾驶车辆提供支持或直接对车辆的执行系统进行控制，进而达到提高交通的安全性和畅通性的效果。不仅如此，装配有安全驾驶辅助系统的汽车还可以利用交通标志识别系统来获取道路交通标志信息，以便车辆驾驶员及时根据信息进行驾驶决策，充分确保车辆驾驶的安全性、舒适性和稳定性。

交通标志识别系统可以在交通标志识别、实时路况检测、自动驾驶车辆、驾驶员辅助系统等多个方面发挥作用，但由于道路环境日渐复杂多样，不确定因素越来越多，交通标志识别技术的发展和应用仍旧存在许多困难。因此相关研究人员还需继续加大对交通标志识别的研究力度，不断对其进行升级和完善，进一步优化交通标志识别相关产品和应用。

具体来说，交通标志识别主要由图像采集、预处理、颜色分割、形状检测和精准定位五项内容组成。其中，图像采集是交通标志识别的第一步，也是十分重要的一步。当图像采集环节所采集到的图像信息为倾斜的图像时，还需对该图像进行矫正；当采集到的图像为正常图像时，则只需对图像进行预处理，避免光照等因素对识别结果造成干扰。除此之外，交通标志识别还会对交通标志图像的形状和颜色进行分割，找出待选区域，并利用相应的算法计算出所需的目标区域。

（2）交通标志识别的技术

交通标志检测和识别技术可以利用摄像头等传感设备实时采集车辆行驶道路上的交通标志图像，并利用图像处理技术对其进行处理，从中获取重要特征信息，进而实现对道路交通标志的精准检测和有效识别。具体来说，交通标志检测和识别的过程主要需要应用到图像处理、机器学习和深度学习等多种先进的技术手段。

① 图像处理：能够采集交通标志图像中的重要特征，从而为交通标志检测和识别提供方便。一般来说，交通标志检测和识别需要借助边缘检测、中值滤波和直方图均衡化等方式来进行图像处理。其中，边缘检测主要用于获取交通标志图像的边缘特征；中值滤波主要用于降噪；直方图均衡化主要用于提高交通标志图像的亮度和对比度。

② 机器学习：一种融合了多门学科知识的技术，能够让计算机通过数据自动学习并优化算法性能。机器学习在交通领域的应用可以在经过一定的训练的前提下根据标签、图像特征等信息识别各类交通标志，并通过对各类交通标志之间联系的学习和理解来对其进行分类。

③ 深度学习：人工智能领域的模式分析方法，能够以模拟神经网络系统的方式学习样本数据的内在规律和表示层次。卷积神经网络（CNN）算法具有较为强大的识别和分类功能，能够在多种环境中精准识别交通标志图像并对其进行分类，为交通标志检测和识别工作提供支持。深度学习在交通领域的应用能够充分发挥CNN算法的作用，提取、过滤、识别并分类处理交通标志图像特征。

交通标志检测和识别技术能够通过对各类交通标志的检测和识别来指导道路交通运行，在一定程度上保障车辆驾乘人员以及行人的安全，提高道路交通的安全性、便捷性和畅通程度。就目前来看，交通标志检测和识别技术已经被广泛应用到自动驾驶、交通诱导和交通安全等多种智能交通系统当中。

6.4.2 道路交通标志识别的方法

交通标志识别系统（traffic sign recognition system，TSR）可以根据颜色和形状对道路交通标志图像进行特征识别。具体来说，整个特征识别过程主要包括分隔和识别两个环节。其中，分割环节需要找出候选目标并对其进行预处理；识别环节需要提取交通标志图像中的特征，并对其进行分类，同时也要对目标的真实性进行判断，如图6-15所示。

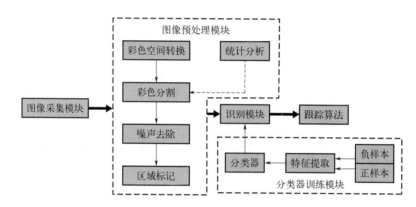

图6-15 交通标志识别系统的工作流程

（1）交通标志分隔

一般来说，交通标志具有颜色鲜明、图案简单、意义明确等特点，能够以直观的形式向各个交通参与者传达具有指示性、提示性或警示性的信息。因此交通标志分隔通常根据颜色和形状从复杂度较高的场景图像中找出交通标志的感兴趣区，并通过模式识别的方式对交通标志进行定位。

从颜色上来看，交通标志具有醒目程度高的特点。智能网联汽车的环境感知系统在对其进行检测和识别的过程中可以利用区域分割、颜色边缘检测、阈值分割或聚类等多种方法来对颜色空间的通道或组合进行处理，并利用分类器识别交通标志的颜色，同时在直方图和模板库中完成目标的匹配工作，基于交通标志的颜色找出大量与之相似的模板，进而为后续开展形状分析工作提供方便。

现阶段，交通标志识别大多需要用到RGB、HIS、CIE等彩色空间。其中RGB指的是图像处理过程中所用到的三基色（红、绿、蓝），也是构建其他颜色的基础。

交通标志的颜色所表示的含义大多具有单一性和固定性的特点，红色的交通标志通常用于传达禁令类信息，黄色的交通标志通常用于传达警告类信息，蓝色的交通标志通常用于传达指示类信息。一般来说，基于TSR的交通标志检测和识别过程具有动态性和交互性的特点,且容易受到光照、气候和阴影等因素的影响,因此需要通过交通标志分隔的方式来归一化处理 RGB 空间中的 "R" "G" "B" 的亮度,在二维空间中表示颜色信息,进而达到降低三基色之间的亮度相关性的目的。

除亮度外,颜色空间中还具有饱和度等多种信息,因此相关研究人员还需利用 HSI 模型来识别交通标志。具体来说,在 HIS 模型中,H、S、I 三者之间几乎不存在关联,H 用于表示颜色的色调,S 用于表示颜色的深浅,I 用于表示颜色的明暗,且每个彩色图像都具有自身的色调 H。

(2)交通标志识别

智能网联汽车的环境感知系统需要利用基于模板匹配的方法、基于聚类分析的方法、基于神经网络的方法和支持向量机的方法等多种判别方法和相应的算法(如图 6-16 所示)来对交通标志图像的感兴趣区进行判别,并在此基础上确定交通标志类型,明确交通标志所传达的信息。

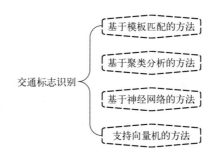

图 6-16 交通标志识别的常用方法

① 基于模板匹配的方法。构建包含大量交通标志图像的模板库,并在系统找出交通标志的感兴趣区的基础上以像素遍历的方式快速从模板库中找出误差值最小的标志与实际交通标志进行形状匹配。由此可见,这种交通标志识别方法具有难度低的优势,但同时也存在运算量大、适应能力弱、效果不稳定等不足之处。

② 基于聚类分析的方法。利用聚类算法对各类自然场景的图像进行处理,能够在交通标志的颜色识别和分类环节发挥重要作用,同时也能够对已聚类区域进行二次聚类,进而达到大幅降低噪声的效果。由此可见,这种交通标志识别方法充分利用了交通标志在颜色上的固定性,且具有抗噪声能力强的特点。

③ 基于神经网络的方法。利用大量神经元构建出一个与人脑神经细胞元在网络结构上相似的三层神经网络,并使三层神经网络与 RGB 空间的三通道一一对应,同时借助控制单元实现交通标志识别。具体来说,当系统检测到目标区域中存在交

通标志时，则会通过网络输出相应的高频信号，反之则会输出低频信号。

④ 支持向量机的方法。一种能够通过构建最优决策超平面并最大限度拉大该样本与其他样本之间的距离的方式解决模式分类和非线性问题的前馈神经网络方法。具体来说，系统需要在确保变换的非线性和特征空间维数高度的基础上以非线性的方式将模式分类问题投射到新的高维特征空间当中，并推动该空间中的模式走向线性可分。

6.4.3 道路交通标志识别的应用

现阶段，交通标志识别技术的应用极易受到季节、天气、光照、形变、污损、遮挡、车辆行驶抖动等多种因素的影响，且采集到的交通标志图像的复杂性和多样性较高，导致交通标志识别的灵敏度、稳定性和准确性不足，系统难以及时、稳定、精准地识别和匹配交通标志图像。就目前来看，交通标志识别技术在驾驶辅助领域的应用较少，其中，较为完善的应用方案主要包括以下几种。

（1）基于限速标志的自动限速

基于限速标志的自动限速指的是通过道路交通标志检测和识别的方式获取道路限速信息，并在此基础上进行预判。

具体来说，$VReal$ 指车辆当前的实际巡航车速，$Vtarget$ 指车辆的目标巡航速度，$Vlim$ 指道路的限速值信息，$Vfront$ 指前车的车速，智能网联汽车可以针对自身的车速制定以下几种限速策略。

① 本车定速巡航。

● 系统在检测出车辆的 $VReal$ 高于 $Vlim$ 且 $Vtarget$ 低于 $Vlim$ 时，会在充分考虑车辆限速值的基础上参照目标巡航车速降低速度，同时确保行车速度不超过限速标志中所要求的车速。

● 系统在检测出车辆的 $Vlim$ 高于 $VReal$ 但不超过 $Vtarget$ 时，会自动参照 $Vlim$ 降低速度。

● 系统在检测出车辆的 $Vlim$ 高于 $VReal$ 且低于 $Vtarget$ 时，会调整车辆的加速度斜率，将车辆经过限速标志时的行驶速度控制在限速值内。

● 系统在检测出车辆的 $Vtarget$ 高于 $VReal$ 且低于 $Vlim$ 时，会控制车辆按照加速度逻辑将行驶速度提升至目标车速，并避免出现由加速度斜率不符合实际情况造成的驾驶恐慌问题。

② 本车跟随前车行驶。

● 系统在检测出车辆的 $Vfront$ 高于 $Vlim$ 且低于 $VReal$ 时可以自动控制车辆

降低行驶速度，并有效避免出现与前车相撞的行车安全问题。

- 系统在检测出车辆的 Vlim 高于 VReal 且低于 Vfront 时可以控制车辆在识别距离内提高行车速度，但同时也要注意车速不能高于限速值。
- 系统在检测出车辆的 VReal 高于 Vlim 且低于 Vtarget 时会控制车辆在识别距离将行驶速度降至限速值以下，车辆并不会与前车同步提高行驶速度。
- 系统在检测出车辆的 Vlim 高于 Vfront 且低于 VReal 时既可以根据目标前车来降低车辆的行驶速度，也可以根据限速值来控制车辆的行驶速度，同时还需自动在一定距离处将车速降至限速值。

③ 通过限速牌后控制逻辑。智能网联汽车大多具备自动限速功能，可以通过自动限速的方式来确保自身经过限速标志时的速度符合道路交通要求，并在经过新的限速标志时重新进行速度控制。从实际操作上来看，当系统检测到新的限速标志所要求的限速值低于车辆当前的行驶速度时，将会通过本车定速巡航或本车跟随前车行驶的方式来进行限速；当系统检测到新的限速标志所要求的限速值高于车辆当前的行驶速度时，则会针对当前的本车实际车速、前车车速、本车目标巡航车速等相关数据信息重新分配加速度，在确保车速能够符合限速值要求且不会导致车辆出现碰撞等安全事故的前提下，进一步对车辆的行车速度进行控制。

（2）基于并道策略的提前并道

就目前来看，行驶在高速公路上的汽车在各种场景中提前变道时可以采用以下两种方案：

① 系统在检测到前方一定距离内存在并道标志时会以语音、仪表图像等方式向车辆的驾驶员或控制系统传送信号，以便及时控制车辆进入并道标志所要求的车道当中。

② 系统在一定距离前接收到高精度地图相关车道级别信息时会在明确目标车道线的类型和变道的安全性的前提下对车辆进行直接控制，确保汽车能够及时在符合相关要求的情况下安全变道。

（3）基于红绿灯识别的提前制动

基于红绿灯标志识别的提前制动需要充分发挥驾驶辅助系统的作用，根据红绿灯所传达的信息控制车辆巡航和变道。具体来说，该应用所涉及的控制场景策略主要包含以下几种：

① 识别到绿灯。当车辆在跟随低速行驶的前车行驶时，可以在保证自身不会与前车发生碰撞的情况下继续跟车行驶，并对信号灯进行实时监控，以便在信号灯由绿转黄时及时减速停车；当车辆定速巡航时，既可以按照当前已经达到的定速值继续匀速行驶，也可以先以匀加速的方式将行驶速度提高，该过程需要对加速度斜

率进行控制,并保证不超出限速范围,同时也要实时关注信号灯的颜色变化。

② 识别到黄灯。处于任何行驶状态下的车辆都需要在识别到前方信号灯为黄灯时减速停车,一般来说,车辆在减速时可以先进行舒适性减速,再进行制动切入。

③ 识别到红灯。需要迅速减速停车,并防止出现因制动不及时导致的车辆碰撞问题。

第7章

多传感器信息融合技术

7.1 多传感器信息融合的原理与结构

7.1.1 多传感器信息融合的工作原理

近年来，随着计算机技术、通信技术的发展，多传感器信息融合技术得到了迅速发展，并引起了世界范围内的普遍关注。目前这一技术已经在各个领域得到了广泛深入研究。

信息融合技术首先应用于军事领域，包括航空目标的探测、识别和跟踪，以及战场监视、战术态势估计和威胁估计等；在地质科学领域上，信息融合应用于遥感技术，包括卫星图像和航空拍摄图像的研究；在机器人技术和智能航行器研究领域，信息融合主要被应用于机器人对周围环境的识别和自动导航；信息融合技术也被应用于医疗诊断和人体模拟以及一些复杂工业过程控制领域。

多传感器信息融合是一个新兴的研究领域，是针对一个系统使用多种传感器这一特定问题而展开的一种关于数据处理的研究。近几年来，多传感器信息融合技术已经发展成为一门多学科交叉、实践性较强的应用技术，涉及信号处理、概率统计、信息论、模式识别、人工智能、模糊数学等理论。

与单传感器系统相比，运用多传感器信息融合技术在解决探测、跟踪和目标识别等问题方面，能够增强系统生存能力，提高整个系统的可靠性和鲁棒性，增强数据的可信度，并提高精度，扩展整个系统的时间、空间覆盖率，增加系统的实时性和信息利用率等。

多传感器信息融合（multi-sensor information fusion，MSIF）是一个信息处理过程，它依托计算机技术和一定的规则或数学分析方法，将来自不同时间、不同途径的传感器数据信息进行分析整合，以获得某方面的特征信息（包括方向、速度等），进而指导决策和执行。

具体来说，多传感器信息融合原理如下：
- 通过多个传感器采集关于探测目标的信息，例如运动状态、速度、方向等；
- 传感器采集到的信息通常包含输出矢量、函数数据、成像数据等多种形式，需要将这些不同形式的、代表不同属性或元素的信息进行特征提取，并表示为特征矢量 Y_i；
- 利用自适应神经网络、聚类算法等统计模式识别方法对特征矢量 Y_i 进行模式识别处理，将其转变为可识别、关联与调用的目标属性说明；

- 按照同一目标对转换后的目标属性说明数据进行分组、关联。

多传感器信息融合，实际上是通过对来自不同传感器的数据的综合分析与整合，输出可靠的传感数据，以支持自动驾驶控制系统进行科学判断与决策，在各个传感器采集到的分离观测信息的基础上，整合出能够作为决策、执行依据的有价值的信息。

不同类型的传感器类似于人的五官，所感知到的信息是不同的，而多传感器信息融合技术旨在对这些信息进行多空间、多层次的互补、优化与组合，获得符合实际道路情况的一致性解释。这一过程使多个传感器协同作用得以充分发挥，对多源数据进行多级别、多维度的分析处理，也是整个传感系统智能化、自动化的体现，它在智慧交通管理中起到了重要作用。

同时，多传感器信息融合算法的决策作用是不可替代的，它基于信息整合计算出合理的决策判断，具有高度的实时性、精准性。近年来，得益于计算机算法、大数据、云计算、芯片制造等软硬件技术的进步，智能驾驶领域的算法也有了较大提升，为无人驾驶控制系统的发展提供了条件。

7.1.2 多传感器信息融合的主要优势

智能交通系统涉及车辆运行、交通流量疏导、交通基础设施管理等活动，而道路环境感知是智能交通系统有序运行的重要基础。系统通过各类传感器可以采集到一定范围内的道路环境数据、车辆数据等信息，并基于相关算法对这些信息整合利用。

基于对自动驾驶汽车极高的安全性要求，单个传感器往往难以承担所有的传感任务，且传感器自身存在适应场景有限、感知信息不足等局限性，由此，自动驾驶汽车厂商通常会在相关车型上配置多个不同类型的传感器，以发挥各类传感器优势，弥补不同传感器的不足，在有限成本内最大限度地保证传感系统的可靠性，从而保障驾驶安全。而使不同类型传感器协同配合，达到最佳感知性能，离不开多传感器信息融合技术的应用。

目前，多传感器信息融合技术尚处于发展初期，还有许多技术难题亟待解决，尚未实现成熟的商业化应用。但基于该技术对车载传感系统的重要支撑作用（充分发挥各类传感器的性能优势，输出全面、可靠、稳定的感知信息，辅助提升自动驾驶控制系统的安全性），众多自动驾驶汽车厂商将其作为重要发展方向，投入大量资源进行研发设计。

多传感器信息融合技术的应用，可以赋予自动驾驶系统以下特征（图7-1）。

图 7-1 多传感器信息融合的主要优势

（1）冗余信息增强系统可靠性

由于不同传感器针对同一感知目标或某个环境特征所采集的信息可能是重复的，因此多个传感器（或单个传感器在不同时段）即获得了关于感知对象的冗余信息。但这些信息可靠性不同，需要先对其进行融合处理，再将处理后获得的更准确的信息传递到控制单元中。冗余信息为更精确信息的获取奠定了基础，这可以有效避免因单个传感器误差或失效给整个系统带来的负面影响。

（2）互补信息完善环境描述

不同类型传感器采集到的信息描述了同一区域内不同的环境特征，同时，所采集到的关于同一目标的感知信息可以互补验证，这体现了不同传感器的互补性。如果将包含各种要素信息的感知区域定义为一个由所有特征构成的坐标空间，那么每个传感器提供的信息只属于该空间中的一个子空间，承载不同传感器数据的子空间是相互独立的。

（3）信息处理的及时性

各个传感器的感知过程是独立发生的，而整个传感过程通过并行导热处理机制联系在一起，由此提升了整个感知系统的响应速度，并有利于快速输出对感知信息融合处理的结果。

（4）信息处理的低成本性

基于自动驾驶汽车的高安全性要求，传感系统（传感器）的成本往往在车辆总成本中占到相当大的比重，但这不意味着每一个传感器都必须花费高昂代价。为了在有限成本内尽可能满足自动驾驶控制系统的感知需求，汽车厂商通常搭配使用多种规格、性能的传感器，例如在满足感知性能要求的基础上，使用若干个低成本传感器代替单个高成本传感器，以达到降低成本的目的。

7.1.3 多传感器信息融合的三个层次

根据信息特征和处理需求，可以将信息融合系统划分为若干层次，但具体划分方法各有差异。目前，多传感器信息融合系统主要划分为数据层、特征层和决策层三个层次。

（1）数据层

数据层的融合处理主要是指对同类传感器采集的同类型数据进行融合，这一层级中的异构数据不能进行融合处理。该层级的主要任务是对同质传感器采集到的数据进行直接融合，然后从中提取特征向量，以支持后续计算决策，如图 7-2 所示。

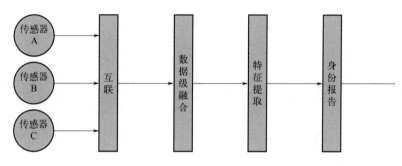

图 7-2　数据层融合处理

数据层融合是在原始信息的基础上进行数据处理，这有利于保证特征向量的准确度，但该层级要处理的信息量级较大，难以在短时间内输出结果，因此实时性不佳。此外，针对异质传感器采集的数据，通常是在特征层或者决策层进行融合。

（2）特征层

特征层的融合处理是面向监测对象特征的融合，所处理的数据包含特征向量，目的是探测目标物的速度、运动状态等属性。该层级的运行原理是先从不同传感器（包括同质和异质）采集的数据中进行特征抽取，获得相应的特征向量，然后将其融合并进行身份判定，如图 7-3 所示。

与数据层相比，特征层融合处理的数据更为精简，因此有更高的运算效率，对通信带宽的要求也更低；但信息的简化也可能导致识别准确度下降。

（3）决策层

决策层的融合处理则是在特征级融合的基础上，对相关特征数据进行分类、判别并结合算法模型进行逻辑运算，最终做出能够满足应用需求的决策，如图 7-4 所示。将对目标识别、决策的过程前置，是决策层的主要特点。单个传感器完成数据采集后，即在传感器内部进行目标识别；然后通过系统对单个传感器的识别结果进行融合。该层级融合有利于缩减需要处理的数据量，因此对通信带宽的要求也更低，但其识别结果相对上述两个层级最不准确。

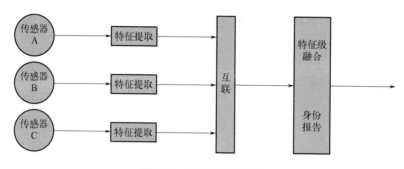

图 7-3　特征层融合处理

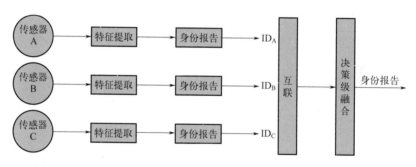

图 7-4　决策层融合处理

在基于多传感器体系结构的融合方法中，数据层融合相对容易实现，但特征层、决策层算法的融合技术难度较高，因此算法是传感系统价值链的重要方面。

7.1.4　多传感器信息融合的系统结构

信息融合指的是利用多传感器信息进行多级信息自动处理，也就是通过提取和处理数据的方式来获取有效信息，整个处理过程主要涉及对各项相关信息多级别、多方面、多层次的检测和估计，获取目标的状态和特征估计相关信息，以及评估态势和威胁情况。

具体来说，多传感器信息融合可以按照时间顺序获取各个传感器的观测信息，并利用计算机技术融合大量在来源、模式、时间、地点和表现形式等多个方面各不相同的数据信息，同时对这些信息进行自动分析和综合处理，以便根据处理结果来获取被感知对象的精准描述，进一步提高信息的有效性。

（1）信息融合的过程

多传感器信息融合的过程如图 7-5 所示。

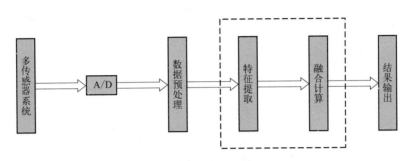

图 7-5　多传感器信息融合的过程

一般来说，多传感器信息融合系统的被测对象大多是在压力、温度、色彩和灰度等方面存在差异的非电量。由此可见，多传感器信息融合系统需要对被测对象进行数字化处理，实现从非电量到电信号的转化，并通过数模（analog/digtial，A/D）转换的方式实现从模拟量到数字量的转换。受环境等因素的影响，经过数字化处理的电信号可能会出现干扰信号和噪声信号，而数据预处理环节能够对其进行过滤，确保电信号均为有用信号，特征提取环节可以提取有用信号中的特征量，融合计算环节可以对来源于特征提取环节的特征量数据进行融合计算，并将计算结果交由结果输出环节进行输出。

① 信号的获取。系统可以针对实际情况利用各类传感器和相应的信号获取方法来获取被测对象的信号。具体来说，系统可以先借助电视摄像系统、电荷耦合器件等工具来获取图形影像类的信息，并将这些信息的光通量转化成变化的电信号，再对电信号进行 A/D 转换，最后将经过转换的电信号传输到计算机系统中进行处理。

② 信号预处理。受 A/D 转换器的量化噪声以及其他各类因素造成的噪声影响，传感器中输出的信号难以直接进行融合处理。因此对于这类混有噪声的信号，系统需要对其进行预处理，通过去均值、滤波和消除趋势项等方式来去除噪声，提高信号的信噪比。

③ 特征提取。该环节指的是提取来源于传感器的被测对象原始信息中的特征。

④ 融合计算。该环节指的是利用识别计算、估计理论、数据相关计算等计算方法对特征量数据进行融合计算。

（2）信息融合系统的体系结构

在信息融合处理过程中，根据对原始数据处理方法的不同，信息融合系统的体系结构主要分为集中式、分布式和混合式三种类型。

① 集中式。在集中式硬件体系结构下，一般通过中央处理器处理各传感器节点采集的数据，如图7-6所示。由于参与运算的数据比较全面，因此系统可以采用更灵活的计算方法，输出结果的精度较高。同时，由于数据量级较大，系统对处理器算力有较高的要求，实时性有所下降。

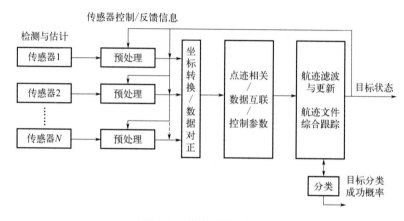

图7-6　集中式融合结构

② 分布式。在分布式硬件体系结构下，单个传感器通过内置算法对目标感知数据进行处理，然后将输出结果传递到总站，总站对分站（即单个传感器）的处理结果进行融合，最终输出关于目标的一致性描述，如图7-7所示。该方法的计算速度更快、延续性好，且对通信带宽的要求更低，但跟踪精度有所下降。

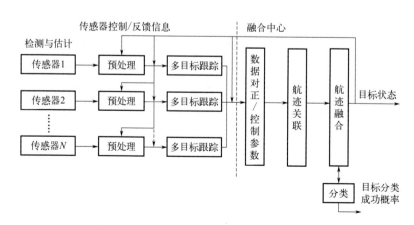

图7-7　分布式融合结构

③ 混合式。混合式硬件体系结构实际上是对集中式融合结构和分布式融合结构的整合，如图7-8所示。该结构有利于弥补单一融合结构的不足，在带宽、实时性、可靠性、跟踪精度等方面的性能有所提升，因此也是目前研究者重点关注的融合结构。

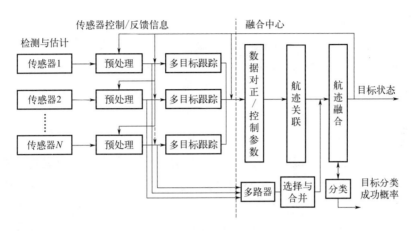

图7-8 混合式融合结构

在实际应用中，选择哪种融合体系结构，应该根据场景识别需求和识别目标来决定。在设计信息融合体系结构时，应该先确定合适的系统层次结构，再以此为基础确定相应的体系结构。此外，不同的融合系统结构中可以引入数据库管理、数据通信、人机接口等辅助技术为信息融合提供支撑。

近年来，随着深度学习模型算法和传感器信息融合算法的发展，多传感器深度图像融合的方法逐渐兴起。其主要思路是将激光雷达传感器和摄像头图像传感器采集到的数据进行融合运用。激光雷达传感器分辨率较低，但抗干扰性强，数据可靠；摄像头图像传感器获取的图像分辨率高，可以识别路标指示牌上的文字等细节内容，二者的融合可以形成优势互补，提高感知数据的准确性。

7.2 多传感器信息融合的算法与技术

7.2.1 随机类信息融合算法

行驶车辆所处环境是多样而复杂的，因此集成了多种传感数据的感知系统必须具备较强的鲁棒性和并行处理的能力，同时对信息融合算法也有较高的要求。关于算法性能的评估涉及多个方面，例如识别准确度、运算速度、对不同技术方法的兼容性和协调性、各系统间接口稳定性等。

多传感器信息融合的常用算法，主要包括随机和人工智能两大类。下面我们首先对随机类融合算法进行简单分析。

（1）加权平均法

该方法主要作为辅助算法运用于相关感知数据的前期处理中。它通过对多个传感器测量到的若干条原始数据进行加权平均，在计算中可以对不确定性较高的状态信息赋予较低权重，最终得出一个可靠性较高的平均数，这一结果即作为融合值参与下一个环节的计算。

（2）卡尔曼滤波法

传感器在进行感知探测时，受到噪声、时延等多方面影响，所观测物体的运动状态是难以被精确测量的，而除了获取当前状态信息，还要根据这一信息估计目标物下一时刻的运动状态。如何做出可靠的估计，卡尔曼滤波法提供了解决方案。卡尔曼滤波法是一种基于估计算法的递归状态空间模型，同时也具有加权算法的性质，它主要解决了测量值与估计值之间的权重关系，通过处理所有可用的测量值来输出一个更接近真实值的结果，这一结果即所谓的"最优估计"。实际上，过滤噪声和干扰的过程就是做出最优估计的过程。部分卡尔曼滤波预测方程和更新方程如图 7-9 所示。

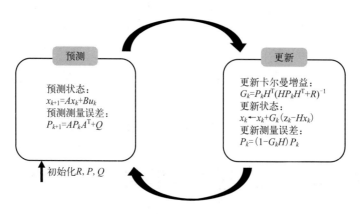

图 7-9　卡尔曼滤波预测方程和更新方程

卡尔曼滤波法除了在多传感器信息处理与状态估计中得到运用，在帧间位置插值、时序信息的融合等其他感知数据处理中也广泛适用。该方法具有适用场景广泛、滤波效果好、便于计算机编程实现、运算速度快等优点，但也有局限性，它在非线性的场景中的应用性不强，无法达到最优的估计效果。

（3）贝叶斯估计法

贝叶斯估计法（Bayesian estimation）是一种基于先验信息的估计方法。该方法把一些已知规律或经验纳入计算过程，结合相关感知数据计算得出估计值。贝叶斯估计法实际上是一种研究某一随机变量概率分布的方法。如图7-10所示，在多传感器信息融合计算中所运用的是多贝叶斯估计法，其本质是通过贝叶斯决策得到感知目标物相关参数的最优估计。

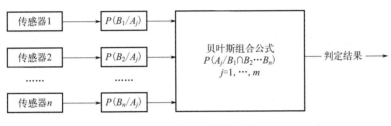

图 7-10　贝叶斯估计法

在单目摄像头识别运动物体的过程中，摄像头由于处于运动状态，可能难以区分需要感知的运动目标和背景，这就产生了较为复杂的多目标跟踪问题。有学者针对这一问题，基于检测跟踪框架（tracking-by-detection），对融合了贝叶斯后验估计的多目标跟踪方法进行研究，提出了适用于多目标跟踪的解决方法。

（4）D-S证据推理方法

D-S证据推理是一种基于D-S证据理论（dempster-shafer evidence theory）的推理方法，它是对贝叶斯推理方法的扩展。在该推理方法中，包含了基本概率分配（basic probability assignment）、辨识框架（frame of discernment）、信任函数（belief function）和似然函数（plausibility function）等基本要点。其推理结构自上而下可以分为三级：

● 目标合成（第一级）：基于一定的合成规则，通过表示、编码等方式将来自不同传感器的数据合成为统一的输出结果。

● 推断（第二级）：基于传感器的感知数据进行推断，进一步生成关于感知结果的目标报告。其实现依据是：通过对具有一定可信度的传感器报告进行逻辑推理，可以获得相应可信度的目标报告。

● 更新（第三级）：传感器在运行过程中可能会产生随机误差，因此在某时间范围内产生的连续报告比某一时间点产生的单一报告更加可靠。由此，融合算法需要先更新、组合传感器的感知数据，再进行多传感器信息融合，从而提高识别精度。

(5) 产生式规则

产生式规则一般用于处理多个传感器采集到的互补或冗余的感知信息。它利用符号来表示感知对象的特征与传感器数据之间的联系；规则通常包含条件和结论两个要素，二者共同描述了不同的推理逻辑；每个规则都关联一个置信因子，其作用是表示规则的置信度或可信度。在同一个逻辑推理过程中，如果规则数大于等于2，那么这些规则就可以进行融合。在应用过程中，融合的若干规则的置信因子是相互联系的，如果有新的传感器接入，则需要加入相应的附加规则和置信因子。

7.2.2 AI 类信息融合算法

(1) 模糊逻辑推理

模糊逻辑推理具有多值逻辑的属性，可以应用隐含算子推断出感知数据的隐含意义以及感知信息与结果间的逻辑关系，从而对多个传感器信息融合过程中的不确定数值或模糊数值进行描述。如果针对融合过程中的不确定性进行系统化的推理建模，则有助于避免出现矛盾规则，保持推理过程的一致性。

与一般的概率统计方法相比，逻辑推理的优点在于能够在一定程度上克服概率统计方法的弊端，对信息的处理和表示更加灵活、更接近人类的思维逻辑，可以为高层次决策等应用场景提供支撑。同时，逻辑推理方法也存在局限性：一方面该算法并不成熟；另一方面，对信息的描述、表示或处理可能缺乏客观性。

模糊逻辑推理体现了模糊集合理论的实际价值，某一要素在模糊集合中的隶属程度——隶属度，能够对难以精确表示的数据真值进行描述。在开源的 Metasploit 框架中，可以用模糊逻辑表示数据的不确定性，然后通过多值逻辑推理、模糊集合演算实现信息融合。

(2) 人工神经网络法

神经网络作为机器学习的重要分支，具有较强的自组织、自学习能力，能够快速适应运算过程中未知的条件变化，同时具有很强的容错性，可以对复杂的非线性映射过程进行模拟。基于上述优势，人工神经网络算法可以为多传感器信息融合提供有力支撑。

从多传感器系统的运行情况看，不同传感器在信息采集、信息识别的过程中都存在一定的不确定性，而对传感数据进行融合的过程，也是对不确定性进行推理过程。神经网络可以根据样本（即感知数据）的特征确定分类标准，并以权值分布的方式体现出来。同时，神经网络可以基于特定学习算法获取不确定性推理机制。神经网络灵活的数据处理能力和自主学习、推理能力，可以在多传感器信息融合过程中发挥重要作用。

7.3 基于多传感器信息融合的环境感知策略

7.3.1 基于信息融合的感知系统

目前，为了满足智能驾驶汽车的控制性能、安全性能等方面的需求，同一车辆上往往会安装不同类型的传感器，每种传感器都有其应用优势和限制条件。而基于相关算法进行融合感知，有利于充分发挥不同类型传感器的作用，为智能驾驶控制系统提供完整、可靠、精准的综合感知信息。以下对传感器融合感知的实现方法进行介绍。

（1）多传感器信息融合实现方式

不同传感器信息融合的过程，实际上是数据相互补充、相互验证的过程，如图 7-11 所示。例如，摄像头可以准确捕捉到感知对象的外在特征，包括颜色、形状、文字等细节，同时可以基于视觉算法精确判断感知对象在横向上的位移情况；毫米波雷达可以获得感知目标在纵向上的相对距离、运动速度等信息。对这些信息进行融合处理时，可以选取各传感器采集到的精度最优的目标属性参数进行分析，从而实现数据互补。不同类型的传感器可以同时对同一目标的某一特征进行感知，再通过信息融合算法对不同来源的感知信息进行"叠加"，从而获得可信度更高的一致性描述。

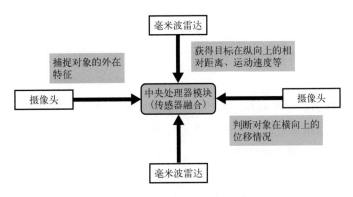

图 7-11　多传感器信息融合的策略

（2）应用举例

例如，当车辆行驶在雨、雾等气候环境中时，可以基于雨量传感器、光线传感器采集到的数据初步判断天气情况，再结合摄像头和雷达采集到的数据对道路情况进行融合分析，获得对道路情况的正确判断。其中，虽然光照不足或恶劣天气条件会影响摄像头的感知精度，但摄像头仍然可以用于分辨障碍物外观、形态；虽然毫米波雷达的感知范围和远距离分辨率不及激光雷达，但毫米波有较强的穿透力，可以在浓雾、雨雪等恶劣天气下正常工作。

此外，不同类型传感器的融合应用为传感系统提供了额外的冗余度，从而使系统具备了更高的容错性、可靠性、稳定性和安全性。当某一个传感器出现故障时（无论是人为因素还是自然因素导致），车载系统还可以根据其他正常工作的传感器的数据进行控制决策，最大限度保证车辆正常运行。同时，传感器融合系统本身也具有一定的安全保障机制以应对紧急情况或异常情况。

（3）运行流程

多传感器信息融合技术通过对不同传感器信息的融合处理，为车载系统提供了较为精确的道路环境信息。具体作用体现在交通场景识别、路径规划和车辆控制等方面，如图 7-12 所示。

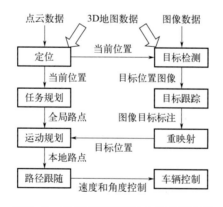

图 7-12　多传感器信息融合的运行流程

① 交通场景识别。车载传感器能够对所处交通场景及存在的障碍物进行探测、识别，包括判断道路宽度，判断车辆是否处于交叉口、是否位于停车区域，获取行进方向上障碍物（如行人或车辆）的动态信息。

② 路径规划。车辆控制系统通过一定的路径跟踪算法计算出最佳行驶路径。该算法可以根据感知数据构建局部二维栅格地图，地图包含了障碍物分布、可通行区

域、不可通行区域及拥堵路段等道路信息，然后在此基础上规划出合理的通行路径。

③ 车辆控制。车辆控制系统可以基于道路环境感知信息，来判断车辆在车道上的运动情况，包括车辆相对车道的行进方向和位置等，并及时调整车辆速度、位姿及方向，避免出现逆行、压线等情况。

智能驾驶汽车是汽车产业发展的重要趋势，而智能驾驶汽车要真正实现商业化应用，就离不开车载传感系统的发展。为智能驾驶控制系统提供准确可靠的环境感知数据和车况数据，是确保车辆安全行驶的关键。因此，多传感器融合技术的应用有其必要性。此外，系统在进行融合分析计算的过程中，还应该尽可能地保留一些原始传感数据，以便于决策系统调用及参考。

7.3.2　多传感器信息融合与目标探测

实时获取准确的感知数据，是实现自动驾驶汽车安全行驶的基础条件，也是该领域研究的重要课题。从目前自动驾驶汽车的分级标准来看，自动驾驶等级越高，对驾驶控制系统的依赖度越高，对驾驶员的依赖度则越低。而驾驶控制系统的控制决策离不开实时、准确的环境感知数据，随着自动控制性能的提高，对感知结果效能的要求也进一步提高。

环境感知系统的主要任务是对感知数据（包括图像数据、雷达探测数据等）进行融合处理，获得关于道路环境特征的一致性描述，从而为自动驾驶控制系统（控制决策层）提供与特定功能相匹配的场景描述和决策支持。由于多个传感器采集到的信息可能存在交互、冗余甚至冲突，因此如何有效融合数据、快速输出可靠的感知信息，是控制算法开发的难点问题。

多传感器信息融合架构（算法）可以有多种形式。其中比较简单的一种是以感知目标为线索来区分数据类型，即当多个传感器同时采集到同一对象的某种特征信息时，可以利用融合算法生成代价函数（cost function）对感知数据进行判断，然后将代价函数最小的感知数据作为可输出的融合数据。同理，该算法可以用于输出感知对象的多种特征信息，关于对象的一致性描述实际上就是不同特征最优值的组合体，由此便获得了有效的融合感知数据。该融合架构（算法）有助于拓展车载感知系统的适用条件和感知范围，充分发挥传感器性能，降低了单一传感器感知存在的误差、故障等风险。

另外一种占据主流的多传感器融合架构（算法）是基于传感器类型、优势及感知性能的互补性对数据进行分类、融合。例如，摄像头、毫米波雷达、激光雷达等的感知数据的融合，即可以输出障碍物信息，可以输出目标的位置、距离、运动速度等信息，还可以输出车辆周围道路环境的信息。这些数据可以辅助生成环境模型，控制系统则根据模型判断可行驶区域，并做出控制决策。传感器的具体任务类型及探测目标如图 7-13 所示。

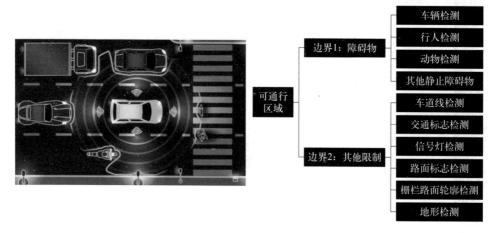

图 7-13　传感器的具体任务类型及探测目标

表 7-1 列出了部分与任务类型和探测目标对应的识别要求。

表7-1　部分与任务类型和探测目标对应的识别要求

目标类型	举例	要求（延时）
动态目标	周边车辆、行人、交通信号等	< 1s
静态目标	路面曲率、车道线、路面设施等	< 1min
相对动态目标	事故、堵塞、天气等	< 1min
相对静态目标	交通规则、路面维修、天气等	< 1h

与单一传感器目标筛选不同，多传感器目标筛选更为复杂，其筛选过程中需要同时考虑感知目标（障碍物）信息、道路环境（车道）信息及自车信息三方面因素。目前所应用的筛选计算原理主要是：利用评估道路模型构建相应的场景跟踪算法，然后将采集到的车道线信息带入算法中，对车道形状和车辆行驶轨迹进行预测；基于预测数据监测自车及他车的运行情况，在监测过程中需要实时计算出自车的中心偏移量、位置补偿量、车道宽度等；根据车道形状预测值、车辆行驶轨迹预测值、自车运行状态信息等参数，调整目标选择阈值。

从总体上看，目标筛选的整体算法可以融入继承的模型环境感知（hierarchical modular environment perception，HMEP）方法中。它通过将障碍物、车道、自车的原始感知融合数据带入有效目标跟踪算法模型，来估计障碍物（车辆）运行状态变化、车道轨迹变化及自车运行状态变化，再将估算信息与实时获取的感知融合数据进行对比，最后筛选出有效的感知融合目标，对该目标进行跟踪。

就上述目标筛选算法来说，对估算信息输出的实时性有较高要求。目标筛选算法可以通过目标参考位置计算自车的位置偏移量及行驶路径，再基于位置偏移量对可能存在的风险目标进行筛选。为了保证筛选结果的准确性，在计算过程中可以采用卡尔曼滤波法在自车行驶状态的基础上预测并更新车辆运行轨迹。

综上所述，多传感器信息融合技术是促使自动驾驶真正实现的关键技术，该技术可以支持多个传感器信息的融合，输出更可靠、更精准的感知数据，使车辆获得全面的、多视角的环境感知及预测能力。在信息融合的过程中往往会应用到模式和图像识别、信号转化与处理、人工智能等技术理论。此外，感知算法模块的分离与功能的分离，有利于降低感知融合的复杂性，为感知算法、自动驾驶控制算法的扩展和各类硬件适配提供了便利条件。

7.3.3 面向自动驾驶的融合策略

从自动驾驶系统的配置来看，需要考虑传感器是否具有较好的环境整体感知能力和风险预测能力。例如，摄像头是车载传感系统的重要组成部分，在配置摄像头时，应尽量使其达到模拟人类视角的效果。自动驾驶领域常见的多传感器信息融合策略主要有全分布式融合、全集中式融合、混合式融合三种。表 7-2 对不同策略的差异进行了比较。

表7-2 不同多传感器信息融合策略的差异

传感器架构类型	全分布式融合	全集中式融合	混合式融合
特征	由本地传感器模块进行高级数据处理，并在一定程度上进行决策制定	所有的数据处理和决策制定都是在同一个位置 ECU 完成，数据是来自不同传感器的"原始数据"	根据系统中所使用传感器的数量与种类，以及针对不同车型和升级选项的可扩展性要求，将两个拓扑混合在一起就可获得一个优化解决方案
优势	传感器模块与中央 ECU 之间可以使用更低带宽、更加简单且更加便宜的接口。中央 ECU 只将对象信息融合在一起，因此其所需处理能力更低	传感器模块体积小巧，成本低，功耗也低，这是因为其只需要执行检测和数据传输任务。中央处理 ECU 可以获取全部数据，这是因为数据不会因为传感器模块内的预处理或压缩而丢失	传感器、ECU 针对不同功能搭载可分层管理，在某些异常情况下（ECU 失效时），传感器可充当冗余控制器实现一些必要安全性功能，以保证驾驶辅助安全性

续表

传感器架构类型	全分布式融合	全集中式融合	混合式融合
劣势	传感器模块需要有应用处理器,这样就会变得体积更大、价格更高且功耗更大。中央决策制定ECU只能获取对象数据,而无法访问实际的传感器数据	实时处理传感器数据需要提供宽带通信(高达数千兆字节每秒),因此可能出现较高电磁干扰(EMI)。中央ECU需要有高处理能力和速度来处理所有输入数据	分布式子系统的算法移植难度较大,且主系统对于子系统的管控力度相对较小,升级比较困难

从以上内容可以看出,不管哪种融合策略都有其优势和局限性。从应用角度来看:

● 在 L1 级别的自动驾驶场景中,一般采用全分布式融合策略处理感知数据,例如早期的自适应巡航控制(adaptive cruise control,ACC)功能和车道保持辅助(lane keeping assist,LKA)系统功能分别都是基于雷达和摄像头实现的,两个功能所应用数据并不关联。

● 在 L2+ 至 L3 级别的自动驾驶场景中,大多采用混合式融合策略处理感知数据,这不仅有助于提升开发效率、降低开发难度,还可以提高传感数据的利用率,为系统的冗余控制与功能扩展提供条件。

● 对于 L3+ 及以上级别的自动驾驶场景,其传感器融合策略还有待进一步探究,目前还未实现真正意义上的 L3+ 级别自动驾驶汽车的商业化应用。但从理论层面来看,从全分布式融合数据处理与全集中式融合数据处理中选取黄金分割的混合式融合数据处理更符合高级别自动驾驶控制策略的需求,如图 7-14 所示。

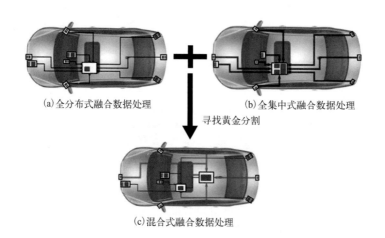

图 7-14 自动驾驶的传感器信息融合策略

7.3.4 可行驶区域探测信息融合

通常，明确要采用的多传感器信息融合策略以后，就需要有针对性地进行融合算法开发。下面主要对目前关注度较高的混合式传感器融合策略进行介绍。

以某车型的环车身无缝探测应用场景为例，先根据环车身探测需求，将探测范围划分为"正前方+侧前方""侧方并行区域""侧后方+正后方"三个主要区域，如图7-15所示。

图 7-15　环车身无缝探测应用场景示例

同时，假设该自动驾驶车型配置了不同的传感器，具体包括前视摄像头、侧视摄像头、前角雷达、前中距离雷达等。其传感系统的主要任务是进行车道运动目标探测并输出融合数据。

基于混合式传感器融合策略，可以先利用智能摄像头探测车辆前方是否存在障碍物，如果存在，则将该目标的图像数据与前视摄像头、前雷达的感知信息融合，获得经传感器处理后的前方目标信息；这些信息在经过算法评估、仲裁后，才能作为确定的一致性描述信息输出。随着前目标信息的识别确认，前视摄像头、前侧视摄像头将对自车道和相邻车道的环境情况进行探测。最后，后角雷达和后侧视摄像头对车辆后方、侧后方区域进行探测。在整个过程中，车辆前方、侧方与后方的传感器融合数据共同为车辆控制系统决策提供了支持。

通常，在进行融合算法设计时，应该使算法具备灵活拆分和局部融合的性能。这样不仅可以赋予算法在不同传感器配置方案中更强的适应性，根据融合需求灵活组合，还有效降低了全局融合的压力。此外，将融合算法拆分后配置在不同的计算单元（或芯片）中，可以有效降低计算负载，提升数据处理效率；如果某一个处理单元故障，融合算法支持降级使用。

关于前向可行驶区域探测信息融合的情况如下：

实际上，前向感知信息融合的输出结果集成了多种车载传感器的信号，在此基础上，识别范围和输出结果可以进一步扩展，最终生成涵盖车辆侧方、后方等交通场景的一致性描述。其中，前向毫米波雷达和前视摄像头可以提供主要的关于感知目标状态的融合数据。

而关于车辆的可行驶环境的描述，更多的是与自由空间模型（即场景模型）关联，其区域模型定义与经典的、有针对性的目标（障碍物）识别不同，自由空间模型主要是根据车辆所处的静态环境进行建模，其中的场景信息包括：车道线及几何形状标识、道路指示标志（如指示牌）、预测性路线数据（例如导航图）等。传感器在识别上述信息时，如果满足一定的算法条件，就可以对可通行区域的潜在风险进行详细描述。

当传感器采集到环境信息或目标信息后，数据重构模块会对这些信息进行图像坐标系转换，同时对目标信息进行重排序、时间重同步处理。在信息融合过程中，雷达和摄像头的感知数据可以辅助融合算法对前向可通行区域进行准确预测。而将融合算法分摊到雷达和摄像头的计算单元中，实际上是将融合处理过程进行前置，从而减少了后端的计算负载。此外，将信息融合过程中的特定功能任务或跨功能任务分离，可以有效提升感知系统的可伸缩性能。基于感知融合架构可拆分、重组的特性，车载系统中控制单元甚至执行单元的算法也可以进行灵活分配。

参考文献

[1]《中国公路学报》编辑部. 中国汽车工程学术研究综述·2017[J]. 中国公路学报, 2017, 30(06):1-197.

[2] 李克强, 戴一凡, 李升波, 等. 智能网联汽车（ICV）技术的发展现状及趋势[J]. 汽车安全与节能学报, 2017,8(01):1-14.

[3] 节能与新能源汽车技术路线图战略咨询委员会, 中国汽车工程学会. 节能与新能源汽车技术路线图[M]. 北京: 机械工业出版社, 2016.

[4] 于占波. 工信部: 解读《中国制造2025》规划系列之推动节能与新能源汽车发展[J]. 商用汽车, 2015,(06):23-26.

[5] 赵福全, 匡旭, 刘宗巍. 面向智能网联汽车的汽车产业升级研究——基于价值链视角[J]. 科技进步与对策, 2016,33(17):56-61.

[6] 边明远, 李克强. 以智能网联汽车为载体的汽车强国战略顶层设计[J]. 中国工程科学, 2018,20(01):52-58.

[7] 陈山枝, 葛雨明, 时岩. 蜂窝车联网（C-V2X）技术发展、应用及展望[J]. 电信科学, 2022,38(01):1-12.

[8] 李骏, 李克强, 王云鹏. 智能网联汽车导论[M]. 北京: 清华大学出版社, 2022:132-149.

[9] 张亚萍, 刘华, 李碧钰, 等. 智能网联汽车技术与标准发展研究[J]. 上海汽车, 2015(08):55-59.

[10] 徐志刚, 张宇琴, 王羽, 等. 我国自动驾驶汽车行业发展现状及存在问题的探讨[J]. 汽车实用技术, 2019(01):13-21.

[11] 赵新勇, 李珊珊, 夏晓敬. 大数据时代新技术在智能交通中的应用[J]. 交通运输研究, 2017,3(05):1-7.

[12] 黎宇科, 刘宇. 国外智能网联汽车发展现状及启示[J]. 汽车工业研究, 2016(10):30-36.

[13] 金博, 胡延明. C-V2X车联网产业发展综述与展望[J]. 电信科学, 2020,36(03):93-99.

[14] 陈荆花, 黄晓彬, 李洁. 面向智能网联汽车的V2X通信技术探讨[J]. 电信技术, 2016(05):24-27.

[15] 黎宇科, 刘宇. 国内智能网联汽车发展现状及建议[J]. 汽车与配件, 2016(41):56-59.

[16] 邓晓峰, 王润民, 徐志刚, 等. 我国智能网联汽车测试及示范基地发展现状[J]. 汽车工业研究, 2019(01):6-13.

[17] 冯春林. 我国智能网联汽车产业的发展困境与应对策略[J]. 当代经济管理, 2018,40(05):64-70.

[18] 谭征宇, 戴宁一, 张瑞佛, 等. 智能网联汽车人机交互研究现状及展望[J]. 计算机集成制造系统, 2020,26(10):2615-2632.

[19] 丁婉婷. 智能网联汽车高速公路自主性换道决策模型研究[D]. 南京: 东南大学, 2017.

[20] 崔明阳, 黄荷叶, 许庆, 等. 智能网联汽车架构、功能与应用关键技术[J]. 清华大学学报

（自然科学版），2022,62(03):493-508.

[21] 李兴华，钟成，陈颖，等. 车联网安全综述 [J]. 信息安全学报，2019,4(03):17-33.

[22] 程增木，杨胜兵. 智能网联汽车技术原理与应用 [M]. 北京：机械工业出版社，2022:14-31.

[23] 于向军，槐元辉，姚宗伟，等. 工程车辆无人驾驶关键技术 [J]. 吉林大学学报（工学版），2021,51(04):1153-1168.

[24] 章军辉，陈大鹏，李庆. 自动驾驶技术研究现状及发展趋势 [J]. 科学技术与工程，2020,20(09):3394-3403.

[25] 孙朋朋. 城市环境下智能车行车环境精确感知关键技术研究 [D]. 西安：长安大学，2019.

[26] 兰京. 无人驾驶汽车发展现状及关键技术分析 [J]. 内燃机与配件，2019(15):209-210.

[27] 陈晓冬，张佳琛，庞伟凇，等. 智能驾驶车载激光雷达关键技术与应用算法 [J]. 光电工程，2019,46(07):34-46.

[28] 王金强，黄航，郅朋，等. 自动驾驶发展与关键技术综述 [J]. 电子技术应用，2019,45(06):28-36.

[29] 欧阳毅. 基于激光雷达与视觉融合的环境感知与自主定位系统 [D]. 哈尔滨：哈尔滨工业大学，2019.

[30] 孙志国. 无人驾驶汽车环境感知技术综述 [J]. 南方农机，2019,50(03):23.

[31] 付长军，李斌，乔宏章. 车联网产业发展现状研究 [J]. 无线电通信技术，2018,44(04):323-327.

[32] 郭继舜. 面向自动驾驶的语义分割和目标检测技术 [D]. 成都：电子科技大学，2018.

[33] 孙宁. 基于多源信息融合的智能汽车环境感知技术研究 [D]. 镇江：江苏大学，2018.

[34] 张宇航. 无人驾驶汽车的起源、现状及展望 [J]. 电子技术与软件工程，2017(19):109-110.

[35] 梁敏健. 智能车行车环境视觉感知关键技术研究 [D]. 西安：长安大学，2017.

[36] 马佃波. 无人驾驶汽车环境感知技术综述 [J]. 汽车与驾驶维修（维修版），2017(05):122-123.

[37] 王世峰，戴祥，徐宁，等. 无人驾驶汽车环境感知技术综述 [J]. 长春理工大学学报（自然科学版），2017,40(01):1-6.

[38] 谢志萍，雷莉萍. 智能网联汽车环境感知技术的发展和研究现状 [J]. 成都工业学院学报，2016,19(04):87-92.

[39] 王艺帆. 自动驾驶汽车感知系统关键技术综述 [J]. 汽车电器，2016(12):12-16.

[40] 黄武陵. 激光雷达在无人驾驶环境感知中的应用 [J]. 单片机与嵌入式系统应用，2016,16(10):3-7.

[41] 王子正，程丽. 无人驾驶汽车简介 [J]. 时代汽车，2016(08):82-85.

[42] 王俊. 无人驾驶车辆环境感知系统关键技术研究 [D]. 合肥：中国科学技术大学，2016.

[43] 马飞跃，王晓年. 无人驾驶汽车环境感知与导航定位技术应用综述 [J]. 汽车电器，2015(02):1-5.

[44] 秦洪懋. 基于驾驶行为的车道偏离预警系统关键技术研究 [D]. 镇江：江苏大学，2014.

[45] 李怀瑜，朱瀚，肖汉，等. 基于位置的参与式感知服务 [J]. 北京大学学报（自然科学版），2014,50(02):341-347.

[46] 陈龙. 城市环境下无人驾驶智能车感知系统若干关键技术研究 [D]. 武汉：武汉大学，2013.

[47] 沈峘. 智能车辆视觉环境感知技术的研究 [D]. 南京：南京航空航天大学，2010.

[48] 石磊. 自主式车辆环境感知技术研究 [D]. 南京：南京理工大学，2010.

[49] 高德芝，段建民，郑榜贵，等. 智能车辆环境感知传感器的应用现状 [J]. 现代电子技术，2008(19):151-156.

[50] 王立. 基于分布式光纤传感的智能环境感知技术研究 [D]. 天津：南开大学，2008.